FRANCESCO

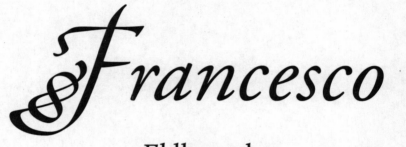

Francesco

El llamado

Yohana García

Francesco

El llamado

OCEANO

FRANCESCO: EL LLAMADO

© 2011, 2016, Yohana García

Diseño de portada: Leonel Sagahón / Jazbeck Gámez
Fotografía de la autora: Lía Rueda

D. R. © 2022, Editorial Océano de México, S.A. de C.V.
Guillermo Barroso 17-5, Col. Industrial Las Armas,
Tlalnepantla de Baz, 54080, Estado de México
info@oceano.com.mx

Vigésima tercera reimpresión: julio, 2022

ISBN: 978-607-400-579-0

Impreso en México / Printed in Mexico

Índice

Agradecimientos

Dedico este querido libro a mis grandes afectos.

Mi eterna gratitud a Dios que me da la posibilidad de escribir y de estar en este camino que amo.

A Francesco por dictarme al oído su sabiduría en el cielo para que yo lo plasme en la tierra.

A mis hermosos hijos por ser los motores de mi vida Christian y Roberto, Mariana Araceli y mis hijos adoptivos: Agustin, Diego, Emiliano, Emanuel.

A mis padres Ernesto y Mabel.

A mis hijos del alma, a mis amigos y conocidos.

A mis lectores, pacientes, amigos, alumnos, radioescuchas.

Le agradezco infinitamente a Editorial Océano por cuidar y querer a mis Francescos, especialmente a su director Rogelio Villarreal Cueva, quien es una gran persona y un experto en su trabajo. A la gente maravillosa que me ayudó a darle forma a este nuevo hijo: Guadalupe Ordaz, José Luis Campos, Adriana Cataño y todo su equipo de trabajo.

A Luis Maccise por hacer posible un sueño: tener el programa de radio que siempre soñé y por abrirme las puertas de Radio Capital.

Al licenciado Guillermo Medina y a su hermoso equipo de trabajo que todas las mañanas nos brindan su cariño y profesionalidad: Arturo Flores y Beatriz Sánchez. Mil gracias por ayudarme a hacer posible que Francesco nos acompañe en nuestro programa *Entre Francesco y Yohana*.

A todas las personas que forman parte de mi camino y a quienes me ayudaron a desarrollarme en lo que tanto me gusta… AYUDAR.

Prólogo

Ésta es la tercera parte de la saga de *Francesco.* Aunque para entender *El llamado* no es necesario que leas los anteriores libros.

Para mí escribir cada libro es un proceso de mucha alegría, pues canalizar a un espíritu como *Francesco* es algo sagrado y amoroso, algo que necesita su tiempo y mi tiempo.

Como los tiempos de Dios son perfectos, él aparece en su momento y en el momento de cada lector.

Este libro es una pequeña parte de la recopilación y milagros que las personas me han transmitido a través de los miles de cartas y mails que hemos recibido durante mucho tiempo.

Francesco es un espíritu que elije al lector. Su misión y la mía es la de ayudarles a tomar conciencia de que cada cosa llega a su tiempo, que todos somos parte de un gran plan divino y que con nuestras acciones afectamos la vida de todos. Cuando entendamos esta gran verdad nos cuidaremos con más entusiasmo.

Cuando viví en la India conocí a un gran maestro, avatar y guía llamado **Sai Baba**. Sus devotos cariñosamente le decimos **Swami**. Ésta es parte de la vida que imaginé que tendría mi maestro en su Ashram.

Francesco se metió en esta historia como *Agustín* y junto a los otros personajes disfrutaron de su estadía en el Ashram.

Creí que podría hacer que *Agustín* terminara su vida con Camila, su viejo amor, su alma gemela, pero en esta historia él tomó las riendas de la trama e hizo lo que le pareció con los personajes, porque así es de caprichoso; entonces llevó la novela adonde quiso que fuera.

Terminé *El llamado* en un avión que partió de México a Argentina, yendo a ver a mi papá que estaba grave de salud.

Pude corregir y ordenar algunos capítulos, algo incómoda, mientras él me sostenía una mano y no quería soltármela. Así que con una mano corregía y con la otra nos despedíamos, pues el médico dijo que ya no había nada más que hacer, sólo rezar. Pero Francesco, que no podía dejar de hacer sus milagros maravillosos y que estaba feliz por haber terminado *El llamado*, me regaló otro milagro. Mi papá sanó mágicamente en unas cuantas horas. Sus riñones, que habían dejado de funcionar, estaban trabajando perfectamente como los de un bebé.

Así que no dudé en compartir con ustedes este nuevo milagro de *Francesco*. Otra prueba más de que la fe mueve montañas.

No podría ser de otra manera que al escribir este prólogo relatara esta gran alegría, sobre todo en un libro que te mostrará que estos milagros se producen todos los días y que, en muchas ocasiones, cuesta reconocerlos.

Te invito a que te sumerjas con tu imaginación en la India y con tu corazón en *Francesco* para que al leerlo le pidas que te ayude a hacer tus propios milagros.

Yo te recomiendo que hagas una lista de los deseos que quieras cumplir y metas el papel dentro del libro.

Disfrútalo como lo disfruté yo al escribirlo, escuchando la voz de nuestro querido amigo *Francesco*.

Que Dios te bendiga.

YOHANA GARCÍA

Se ha ido

Iba yo por un camino,
cuando una voz de mujer
dijo detrás de mí:
–¿Me conoces?
Me volví y contesté:
–No recuerdo tu nombre.
Ella me dijo:
–Yo soy aquella tristeza
profunda que sufriste hace tiempo.
Sus ojos
se parecían a la mañana
cuando el rocío está todavía en el aire.
Permanecí en silencio
y luego le pregunté:
–¿Has perdido aquella
carga inmensa de lágrimas?
Ella sonrió sin contestarme.
Comprendí que sus lágrimas
habían tenido tiempo
de aprender el lenguaje
de las sonrisas.
Me recordó:

–Una vez
aseguraste
que conservarías tu tristeza
para siempre.
Avergonzado, respondí:
–Es verdad,
pero los años han pasado.
Después con su mano
entre las mías le dije:
–Pero tú también
has cambiado.
Entonces,
ella me contestó serena:
–Debes saber
que lo que un día
fue Tristeza ahora es Paz.

RABINDRANATH TAGORE

I
El reencuentro

COINCIDIR

Soy vecino de este mundo por un rato, y coincide que tam-
bién tú estás aquí.

Coincidencias tan extrañas de la vida... tantos siglos, tan-
tos mundos,

tanto espacio... y coincidir.

Si navego con la mente el universo, o si quiero a mil an-
cestros recordar, agobiado me detengo y no imagino... tantos
siglos, tantos mundos,

tanto espacio... y coincidir.

Si la vida se detiene por instantes, y un instante es el mo-
mento de existir, si tu vida es otro instante, no comprendo...
tantos siglos, tantos mundos, tanto espacio... y coincidir.

ALBERTO ESCOBAR Y RAÚL RODRÍGUEZ

Y cuenta un espíritu que moraba en el cielo, un hombre llamado Francesco, que una vez hace mucho y estando él ahí, le
preguntó a Dios:

–¿Por qué existen las guerras? ¿Por qué, Dios, las permites?
Y Dios le respondió:

–Porque los hombres no respetan mis leyes, porque si las res-
petaran, si se amaran los unos a los otros las guerras serían de amor.

–¿Pero por qué las crean? —preguntó Francesco—; ¿por qué son libres?

¿Por qué los hiciste libres entonces?

–*Por que así tenía que hacerlos* —dijo Dios.

–¿No me respondes? ¿Será que te equivocaste?

–*¡Ja, ja, ja!* —dijo Dios—, *yo no me equivoqué, después de la guerra viene la paz.*

Y yo no sabría cómo explicarles esa sensación si ustedes no la aprenden a vivir por sí mismos.

Después del desamor está el amor. Después de la desesperanza, la fe. Después de la muerte, la vida. Después de ti, estoy yo... tu Dios. Después de mí ya no hay nada.

Camila estaba bajando del avión que la conducía a ver a su maestro y guía espiritual.

Ella se asustó cuando se dio cuenta de que había olvidado su computadora en el compartimiento de arriba de su asiento. Fue a buscarla y cuando regresó para abrir el compartimiento chocó con un hombre que ella conocía, que había visto una sola vez, el tiempo suficiente para haberlo sentido como su alma gemela.

Este hombre, llamado Agustín, fue inmensamente feliz de reencontrarla. Los dos recordaban un fugaz encuentro que habían tenido también en un aeropuerto.

Con Camila estaba Damián, quien se recuperaba felizmente de una fuerte enfermedad.

Los tres se sintieron felices de que las causalidades se hicieran presentes de tal modo.

"Los encuentros jamás son sin sentido, todos ocurren por algo", pensó en ese momento Camila.

Quizá podrían haber viajado en horarios diferentes y nunca se hubieran encontrado, sin embargo, el destino así lo quiso, y cuando el hombre propone Dios siempre, absolutamente, dispone.

PERSONAJES

Agustín es un muchacho bien parecido, amoroso y algo taciturno.

Él tiene una madre manipuladora. Él es un hombre separado con dos hermosas niñas. A él no le gustaba jugar con sus amiguitos como hacían la mayoría de los niños. Él meditaba, hablaba con sus ángeles y su madre estaba siempre muy preocupada por su futuro.

En el presente, Agustín se encuentra en estado de desesperación por la necesidad de que alguien lo ame de verdad.

Agustín en su vida anterior era un hombre llamado Francesco.

Francesco era un ser miedoso, indeciso y quejoso. Vivió mucho tiempo en el cielo en compañía de sus maestros, pero cuando le dieron la posibilidad de regresar a este mundo él se negó a hacerlo. Fue un trabajo arduo de sus guías convencerlo.

Cuando decidió nacer fue en el cuerpo de Agustín, pues sabía que este hombre tendría más valor que él para vivir.

Pero como las cosas no cambian totalmente, **Agustín** tiene cosas de **Francesco** y **Francesco** de **Agustín**.

Agustín no pasó por la ley del olvido, esto quiere decir que él tenía por momentos ráfagas de su vida en el cielo. Este estado era más intenso cuando fue pequeño.

Cuando **Agustín** se casó siguió sintiendo un vacío interior muy grande y él se lo atribuyó a que su trabajo ya no le agradaba.

Pasó el tiempo y empezó su búsqueda espiritual. Se sintió solo y a la vez empezó a dudar de la importancia de vivir.

Es por eso que después de pensar, decidió ir a conocer a un maestro muy especial, quizá con el encontraría las respuestas necesarias para su vida.

Una vez regresando de viaje vio a **Camila** en un aeropuerto, pues ella regresaba de ver justamente a ese avatar.* Ella le preguntó la hora y los dos se quedaron entablando una conversación; fue ahí que escuchó de viva voz las experiencias de alguien que había conocido al maestro. Los dos se despidieron y nunca más se volvieron a ver —hasta el momento en que en el viaje a la India se volvieron a reunir los tres.

Camila es una mujer muy entusiasta y espiritual con dos hermosas niñas. Ella es médica, pero en uno de sus viajes, en el que dio su última conferencia, decidió dejar su trabajo, pues ella no entendía el comercio de la medicina tradicional, ni el modo en que le enseñaron a manejar a sus pacientes. Así que decidió quedarse con las terapias alternativas.

Camila en otra vida era **Rosario**, un espíritu que había muerto de una enfermedad muy triste y dolorosa. Pero ella llegó al cielo totalmente sana, como llegan todos, y sumamente divertida. Era un espíritu atrevido y entusiasta que conoció a **Francesco** el día que los guías del cielo le pidieron que fuera ella quien le enseñara a viajar por las nubes rosadas.

Ella se reía de **Francesco**, él a todo le tenía miedo.

En el cielo habían sido amigos, se la pasaban muy bien juntos, paseando entre las nubes de colores celestes y rosas.

Como espíritus y almas viejas se hicieron inseparables y prometieron que si acaso volvieran a nacer se buscarían para reconocerse y quererse toda la vida.

Ellos supieron que eran almas gemelas y que no podrían estar separadas en muchas vidas más.

En esta vida el único encuentro que tuvieron fue en el

* En la religión hindú, encarnación terrestre de alguna deidad.

aeropuerto y, aunque parezca mentira, inconscientemente se reconocieron. Por eso no dejaron de pensar uno en el otro.

Pero como ninguno se atrevió a decirse nada en ese momento, después de ese encuentro fugaz nunca creyeron volverse a ver. Y cuando estaban perdiendo las esperanzas, se reencontraron.

Ahora un viaje místico los unirá.

Camila está viajando con un joven amigo, su paciente que acabada de sanar. Él se llama Damián.

Damián es un muchacho joven que estuvo a punto de morir por una enfermedad mal llamada "terminal", pues terminales somos todos.

Él es un chico budista con una fe inquebrantable. A pocas horas de morir y de dar su último suspiro, él entró en un coma profundo que duro veinte días y cuando despertó, los médicos, al revisarlo, descubrieron que tenía una remisión completa de su enfermedad.

Esta historia es verídica y **Damián** actualmente está totalmente sanado.

Cuando él estuvo enfermo, que fue durante mucho tiempo, tuvo una gran médica a su lado: **Camila.**

Mientras transcurrían los meses de su enfermedad ella lo acompañaba y tenían largas charlas. Todas eran divertidas y profundas.

Un día **Camila** le confesó que en su viaje a la India había conocido a su gran maestro que sanaba y hacía milagros y que de regreso en el aeropuerto había visto a un hombre muy guapo llamado **Agustín.** Pudo entablar una conversación muy superficial, pero ella había quedado enganchada de él.

Agustín, por su parte, no podía creer que ni él ni ella se hubieran animado a intercambiar teléfonos.

Cuando **Damián** se sanó le pidió a su gran médica y amiga que lo acompañara, pues quería conocer a su maestro.

Fue en ese viaje en el que **Camila** y **Agustín** se ven por segunda vez.

La India es hermosa.

Los olores de inciensos con especias hacen a la India un lugar particular. A veces el calor es sofocante, húmedo y pegajoso.

Las construcciones de las casas son diversas. Algunas de mampostería, otras de cartón.

Otras casas son de adobe y algunas tienen sus paredes unidas con cola de pegar papel.

Entre una casa y otra no existe espacio alguno, ni jardín, ni cerca que las separe.

Desde un avión podrías creer que todas las casas forman una sola.

Claro que no toda la India es así, estamos hablando de Nilayam.

En cada esquina se ofrendan a las diosas, flores e inciensos. Hay una diosa en particular que toda la India ama, se llama Ganesha.

Ella es una elefanta adornada con flores que representa la prosperidad y la abundancia.

Shiva y Ganesha son las deidades elegidas por la mayoría, aunque cabe decir que en la India hay más de ocho ramas de religiones.

Las flores que se ofrendan son claveles amarillos y velas de sebo se dejan prendidas a la orilla de la vereda. A veces estas ofrendas quedan tiradas en medio de la calle.

Algunos hombres sentados en el piso tocan una flauta

para hacer bailar a su cobra vieja y descolorida. Los sonidos hacen que ellas bailen con movimientos ondulantes. El fin es que encanten a los turistas que, a cambio de algunas monedas, le dejan el día hecho al hindú.

La cobra está metida dentro de un canasto de mimbre viejo. Ella parece mirar inofensivamente a los transeúntes y lo que menos parece es querer atacar a alguien.

Mendigos y enfermos andan caminando muy cómodos y sonrientes paseándose de una esquina a otra; se conocen, se saludan y sonríen como si fueran los reyes del lugar.

De vez en cuando alguna tormenta de tierra roja levanta el polvo de las calles y todo el barrio se llena de nubes rojizas.

Vendedores ambulantes ofrecen algunos adornos, entre ellos elefantes de sándalo, que no son de sándalo, pero los perfuman con éste para encubrir la madera barata con la que están hechos.

Los negocios casi no venden ropa confeccionada porque algunas señoras sacan sus máquinas de coser a la vereda y ahí elaboran los tops y los vestidos que serán los saris de alta costura.

Las mujeres son ruidosas al caminar, entre sus múltiples pulseras y tobilleras van tintinando a cada paso.

Los niños van en sus carriolas observando el panorama, mientras sus ojos increíblemente negros parecen haber sido delineados por Dios con una precisión maravillosa.

Los hombres van tomados de la mano, caminando por la vereda de enfrente por la cual caminan sus mujeres. Ellas al andar mueven sus manos como niñas pequeñas jugando a la ronda.

A los negocios se entra descalzo para dejar afuera cualquier influencia maligna.

En la calle se mezcla la vaca y el marajá con su elefante repleto de ornamentos dorados. También puede encontrarse en la misma esquina a un hombre trasladando a un pasajero en un carro, mientras camina empujándolo con su propio cuerpo.

Puedes ver a una mujer sentada elegantemente en el tubo de la bicicleta o en alguna motocicleta que maneja su esposo.

Los autobuses apenas se ven, pues el hormiguero de gente que sube por cualquier lugar es impresionante e incluso el techo pasa a ser otra parte del transporte.

Nadie tiene miedo de nada, el miedo no existe entre ellos, porque la fe es más grande que el miedo.

Las mujeres suelen adornar sus cabellos con flores, sus cuellos con claveles, todo huele a flores.

Todos hablan fuerte, se ríen en voz alta, ¡todo el tiempo hacen ruido!

Las motocicletas tocan su claxon con el sonido de una corneta. A veces su ruido parece taladrar la cabeza de quienes lo escuchan. Todo el tiempo suena una especie de orquesta de ruidos desafinados. El silencio no existe, sólo existe el no pensar de la gente, quizá por eso haya tanto ruido.

Mucha gente se casa a temprana edad. Suele haber bodas casi todas las tardes. Entonces se sale por las calles a mostrar a los novios. Se les canta a los contrayentes, algunos invitados tocan la pandereta y aplauden.

Al festejo se unen todos los vecinos que escuchen el llamado de los invitados de los novios.

Nada da miedo, nada conduce a pensar en nada, sólo se conoce el amor y el qué dirán no existe. Nadie mira el traje del otro, sólo hay un detalle: las clases sociales no se mezclan.

Ésta es la ciudad del amor, la ciudad de la alegría, donde el amor se respira y el mundo se hace pequeño porque cabe en el corazón de cada habitante.

A este lugar acaba de llegar Agustín, que en otra vida fue

un hombre llamado Francesco, un hombre maravilloso, pero muy miedoso, que deseaba ser feliz, pero para ser feliz se tuvo que morir y aprender a crecer.

En el cielo no quería aprender nada de lo que sus maestros le proponían, pues estaba deprimido; sin embargo, aprendió mucho y se entregó a buscar a su alma gemela.

La encontró en Camila, un espíritu divertido y muy sencillo que le mostró que con la muerte no todo se acaba y que lo que está en el corazón de las personas nunca se terminará.

Los dos prometieron verse en esta vida. Así que aquí están, un poco desubicados pero amigos al fin.

Agustín está feliz con la idea de estar entrando a la ciudad del avatar con su futura prometida, Camila, y el amigo de ella... Damián.

Ellos viajaron más de veinticuatro horas para entrar a la ciudad del amor. Una ciudad rara, inhóspita si la comparamos con las grandes urbes. Similar a un pueblo perdido en algún lugar.

Agustín apenas pisó el sitio se preguntó dónde estaría el maestro de Camila. Todo un enigma para el incrédulo muchacho y toda una sorpresa para el milagroso de Damián.

Están cansados, viajaron más del tiempo que esperaban, pues su avión tuvo tres escalas largas y tediosas.

Los muchachos deseaban descansar, pero en cuanto llegaron a las puertas de la ciudad uno de los habitantes les dijo que antes de ingresar deberían cambiar dinero y comprarse ropa especial para la visita al Ashram. Tendrán que comprarse un sari o un punjabi para su entrada al Ashram. El dinero que circula en la India se llama rupia.

Camila estaba cansada, le dolía el estómago, sólo quería ir al baño, pero nadie comprendía el inglés con el que ella trataba de darse a entender. Así que tuvo que servirse de Agustín como intérprete, quien se reía de verla desesperada. Él había entrado a un negocio.

–*¿Qué hago aquí?* —preguntó ella.

Agustín se siguió riendo.... dijo que tampoco él lo sabía y que, además, ella no había considerado lo lejos que estaba de su casa.

–*¡Ahora no se quejen!* —dijo Damián, también muerto de risa.

–**Compremos algo para ponernos** —dijo Agustín.

–*Pero si no sabemos ni colocarnos un pequeño pareo. ¿Qué haremos con toda esta tela?* —comentó muy alegre Camila.

Y riéndose con muchas ganas entraron al negocio de al lado.

Camila y Agustín se pusieron a conversar, pues era un buen momento para tratar el tema.

La vendedora les hizo señas de que debían salir del negocio para dejar los zapatos afuera.

Tocaron las telas como niño chiquito en una juguetería y todos empezaron a disfrazarse.

–*Parecerás niño envuelto* —dijo Damián en tono de burla, mientras envolvía a Agustín.

Al poco rato todos salieron como si fueran hindúes de película cómica.

Llegaron a la puerta principal de la ciudad. Los recibió un *servo*, así se le llamaba a toda persona que ayuda al avatar.

Cargó sobre su cabeza todas las maletas y le pidió a los tres que lo acompañaran, así se aprenderían el camino a su apartamento y también el camino de salida de la ciudad. Hablaba con un inglés perfecto y comentó:

– *¡Aquí no se fuma ni se bebe!*

También les dijo:

–A las cinco de la mañana toda la ciudad se levanta para ir camino al Ashram a cantarle a dios. Aquí no hay religión, es al dios que cada uno lleve dentro de su alma.

En caso que decidan ir a cantarle y hacer la peregrinación con todos sus fieles entonces sigan a la gente que está cantando el mantra* Om.

A las 11 y 11 minutos de la mañana y a las 11:11 de la noche se festeja la hora de los Devas o ángeles.

No se olviden de hacer sus cartas o las que hayan traído para dárselas al avatar. Cuando él las toca produce el milagro que la persona pidió en su escrito.

El desayuno es después del Darshan, que es la contemplación o veneración de una persona santa —aclaró el amable señor.

Antes de entrar al recinto van a sortear números para que puedan sentarse donde les toque. Si les toca cerca del avatar entonces tienen más posibilidades que él los mire o los elija para una sesión privada con él.

En caso que él quiera les regalará algo como puede ser un reloj, un rosario o vibhuti.

–¿Qué es el vibhuti? —preguntó Camila.

–El vibhuti es una especie de ceniza sagrada, la cual representa la sabiduría de que del polvo venimos y al polvo iremos.

Los relojes o regalos materiales que él obsequia es la muestra de que hay que ver para creer.

Cuando estén en el Ashram no se levanten de golpe, la energía que el avatar emana los puede hacer caer.

---

* Mantras: canciones sagradas que se pronuncian en sanscrito para elevar la vibración.

No teman no ser vistos ni escuchados por él, porque él todo lo sabe y todo lo ve.

Es posible que cuando lo vean entrar al recinto les parezca que está flotando sobre el suelo. No se asusten, así es su andar liviano. Presten atención a los milímetros que existen entre él y el piso, pues en realidad flota.

Cuando el avatar se retira si lo desean pueden salir del recinto, si no, pueden seguir sentados el tiempo que aguanten la incomodidad del frío piso de mármol.

Si no están muy cansados, por la tarde todos se reúnen a compartir sus experiencias del día en el Ashram, toman agua de coco y cantan al compás de sus guitarras. Sería bueno que visitaran ese lugar, les encantará.

No duden en llamarnos en caso que necesiten algo, si no me ven a mí, cualquier persona con traje naranja y pañuelo violeta los asistirá.

Es posible que alguna vez se sientan mal... Pero eso también es normal. Pueden sentirse con fiebre o con dolores. Esto se debe a la purificación que puedan estar pasando, producto del contacto espiritual que nuestro maestro estuviera realizando.

No vayan a sus reuniones pensando en que pueden tener algún tipo de llamado por él, pues cuanto más ego tengan menos atención les prestará.

Primero el maestro pasará por la fila de las mujeres, y se quedará más tiempo en la fila de los hombres.

Esto se debe a que él considera que se les debe prestar más atención para que puedan cambiar y terminar con el machismo, que tanto mal ha hecho a lo largo de la historia.

Ah, me olvidaba de decirles, cuando salgan a la ciudad van a ver un gran letrero que dice "agua purificada", debajo de él hay un guardia que cuida que no se malgaste ésta.

Así que si quieren agua sólo basta con que busquen un recipiente limpio y adecuado para el uso que vayan a darle. Para encontrarla tendrán que caminar unas siete cuadras hasta llegar al dispensario.

No se equivoquen de camino, pues algunas calles están cerradas y ocurren ciertas anormalidades, pero no es peligroso, ni existe nada que temer. Aquí no hay secuestros, ni gente con malas ideas. Aquí sólo hay gente pobre, pero no hay miseria.

Camila creyó no entender qué quería decir aquel hombre y se animó a preguntar.

–¿Señor, podría decirme qué diferencia puede haber entre miseria y pobreza?

Ella no encontraba la diferencia. Entonces el servo le dijo:

–Señorita, déjeme explicarle: la pobreza es esto que ve; no tener para vivir como dios manda, no contar ni siquiera con lo mínimo e indispensable para vivir con dignidad.

Pero la gente pobre es feliz como lo puede ser un rico; si tiene el amor de su gente y tiene salud, tiene todo.

La miseria es la maldad, la gente ignorante, mala, sin valores que lo único que quiere es sobrevivir a costa de lo que sea.

El miedo y la miseria van de la mano, la violencia y el enojo van juntos con la miseria.

Pero aquí sólo hay pobreza y nadie extraña no tener más, pues jamás puedes extrañar lo que nunca has tenido.

Y el señor, cambiando de tema, agregó:

–Si en la noche sienten que algo les camina por encima del cuerpo tampoco se preocupen, pues no hay que temerle a nada.

Y no se olviden que no pueden matar a ningún animal, ni insecto, pues éstos suelen ser seres importantes y hasta futuros humanos en próximas vidas.

Los tres se quedaron con la boca abierta, primero por la

rapidez con la que el servo transmitió las reglas y luego por la naturalidad con la que habló de enfermedades y bichos caminando por la habitación. Quisieron darle una propina, pero aquel hombre se negó a recibirla.

Cuando todos iban a entrar a la habitación el servo dio un grito imponente y les dijo que no podían mezclarse los hombres con las mujeres, que iban separados. El hombre por una vereda y la mujer por otra.

Al llegar a la puerta de Camila, Agustín le sonrió y los dos sintieron que ése podría ser un buen momento para el comienzo de una hermosa relación, ya que ambos sintieron que podrían ser almas gemelas. Pero Camila se encontraba muy lejos de la realidad cuando el servidor espiritual le pidió a Agustín y a su amigo que fueran a la habitación de la calle de enfrente.

Agustín creyó no entender, pero tuvo que ser fuerte cuando se dio cuenta de que por cultura y por regla del maestro las órdenes eran no mezclarse hombres con mujeres.

El servo siguió sus indicaciones y concluyó:

–*Para terminar, todas las reglas se cumplen. Su amiga se quedará a dormir sola, pero si existe algún problema puede llamar a algunas de nuestras servas, que con gusto atenderán sus necesidades.*

Damián miró con pena a Camila. Sentía dejarla sola y se culpó por haberle insistido en hacer ese viaje.

Ella, con una falsa sonrisa, le comentó a sus amigos:

–*No tengo inconveniente de dormir sola, de hecho en el viaje anterior así fue, tendremos que tener paciencia, pues mañana temprano nos encontraremos y así pasaremos los días juntos. Nos divertiremos.*

Ya habría tiempo para otro tipo de encuentros. Ella con todo su amor les pidió que descansaran.

Yohana García

Entonces cerró la puerta con llave, corrió a abrir la ducha y darse un baño para dormir como una niña.

La ducha tenía un hilo de agua que nunca se ponía tibio así que, muerta de frío, se bañó como pudo, y se acostó, tapada hasta la cabeza y recordando las palabras del servo:

"Si en la noche sienten que algo les camina por encima del cuerpo tampoco se preocupen..."

Prendió la luz y observó cada rincón. Una soga atravesaba el techo de lado a lado; era para colgar ropa, una especie de clóset colgante.

Una lagartija enorme estaba en una de las paredes. Camila, al verla, dio un grito de sorpresa. Se paró en la cama y le tiró su calzado varias veces tratando de atinar el tiro, pero lejos de tener puntería, sólo consiguió pegarse con el zapato en la cabeza.

La lagartija parecía estar más presente que antes y se estiraba como retándola con su cuerpecito.

–Me das miedo —le dijo—, *¡no te mataré, pero vete!*

Ella le habló y le habló, pero nada, todo fue en vano para una lagartija sorda y perezosa.

El cansancio la venció y logró quedarse dormida como un bebé.

Al otro día, al despertar, pudo escuchar un coro hermoso que con voces amorosas cantaba el mantra Om, esto hacía vibrar las paredes y hasta la propia ciudad.

Ella salió a observar, y le encantó lo que vio. Toda una ciudad con personas vestidas de blanco, con pañuelos en sus cuellos que representaban los colores de cada país de donde venían.

Jóvenes, pequeños y ancianos, todos cantando y caminando al mismo ritmo.

Le llamó la atención que había mucha gente en sillas de ruedas y muletas.

Salió corriendo hasta cruzar la calle y llegar adonde estaban sus amores. Golpeó con fuerza y entusiasmo la puerta para verlos en su primer día pero nadie salió.

Observó la fila de los hombres que desfilaban por la calle para ir al Ashram y no encontró a sus muchachos. Se angustió y temió por tener que vivir estos desencuentros con frecuencia.

Nadie pareció mirarla, a nadie le importaba la vida del otro, ni por qué se encontraba allí.

Ella se metió en el grupo de mujeres, cantó el Om y se emocionó mucho, pero sus ojos no dejaban de buscar a sus amigos.

Caminó como diez cuadras hasta que apareció el bendito Ashram. Éste era un edificio enorme, blanco e imponente. Camila al verlo quedó maravillada.

La sentaron con todas las mujeres de la ciudad y ahí se quedó como dos horas.

Ahora el coro del Om era un coro de toses, provocadas por el frío de la mañana.

Alguien con una bolsa de nylon llena de numeritos iba sorteando las filas.

Camila, con la total ignorancia de una primeriza, tomó conciencia de que le había tocado la segunda fila, algo así como un privilegio, pues las filas son inmensas, ya que hay que acomodar alrededor de cinco mil personas en el lugar.

Ella se enojó consigo misma al darse cuenta de que había olvidado las cartas que le entregaron sus familiares y conocidos para que el maestro les cumpliera sus deseos.

Todas las cartas de sus amigos y parientes habían quedado dentro de su maleta.

"*¡Qué tonta soy!*", se dijo.

Y quizá el avatar, que todo lo sabía, habría pensado: "Bien merecido lo tiene por despistada".

"*¿Qué irá a pasar?*", se preguntaba Camila, "*¿qué hago aquí?*", seguía preguntándose. "*No estoy enferma, no necesito pedir nada, qué nueva locura acabo de hacer.*"

Ni siquiera conocía a Agustín y apenas había convivido con su paciente Damián.

Tenía frío, hambre y le molestaba estar sentada en el frío piso de mármol. No tenía dónde acomodarse ni enderezar su columna.

Todas las personas llevaban cartas en sus manos.

Nadie hablaba entre sí, algunas personas meditaban, otras dormitaban, ella protestaba mentalmente.

Así es Camila: molesta, intolerante y, sobre todo, impulsiva.

Y toda persona impulsiva termina haciendo lo que quiere, pero como todo lo hace a su modo, cuando se da cuenta de lo que hizo empieza a temer por los resultados.

Camila es linda persona, buena y generosa, no tendría por qué temerle a sus decisiones.

Ella ahora entendía lo que era la "fila india", una persona pegada a otra; podía sentir el aliento y el perfume de las otras. Las flores del pelo de las mujeres las tenía pegadas a su nariz.

En ese lugar a nadie parecía importarle las diferencias sociales. Todos se habían despojado de las costumbres mundanas, de los lujos, celulares y computadoras.

"*Un mundo sin celulares en pleno confín del planeta... ¡Qué placer!*", se dijo entusiasmada.

Y tratando de cambiar su postura y acomodando sus piernas, esperó con ansias la entrada del avatar. Pero éste todavía tardaría en llegar.

Ella no tenía a quién preguntarle nada, pues sus compañeros de fila se hallaban todos con los ojos cerrados y en posición de loto.

Recordó que había dejado los zapatos donde le habían indicado los servos, pero se inquietó al pensar cómo los encontraría entre tantos otros. Mezclados con cinco mil pares más sería imposible hallarlos.

¿Habría zapatos para comprar en este lugar de la India?... No podía recordar ningún negocio que vendiera algo semejante a unos zapatos.

Siguiendo con su diálogo interior consideró que ellas, las hindúes, andaban descalzas, aunque una que otra llevaba un calzado de mala muerte.

Se reía de sólo pensarlo: hacer tanto viaje para preguntarse dónde estarían sus zapatos, cuando creía haber perdido algo mucho más importante como lo eran sus amigos.

"Por cierto", se dijo, *"¿dónde estarán los muchachos?"*

II

Las desilusiones
que ayudan a crecer

Seguramente algunas veces nos hemos enojado contra el plan divino. Pataleamos y reclamamos perdidos ante el silencio de su voz. Una tremenda oscuridad nos arrastra hasta el vacío de la incertidumbre. Y luego de tirarnos con furia en el rincón de los olvidos, nos ha vuelto a levantar para recompensarnos con la más hermosa bienvenida.

En el primer Darshan, Camila se encontraba sentada en la segunda fila; para ella fue su primera experiencia impactante.

Sólo que le hubiera gustado compartirla con Agustín y Damián. Además se apenó por no poder entregar las cartas de sus seres queridos. Esa oportunidad no se tenía muy seguido. Había comido poco y caminado mucho. Había golpeado más de cien veces las puertas donde supuestamente estarían residiendo Agustín y Damián. Se sentía cansada, pues había preguntado a cada asistente del maestro si no había visto a sus amigos.

Todos sus esfuerzos fueron nulos, todos parecían de hielo.

Un lugar tan espiritual y parecía que nadie se preocupaba por el otro.

Era el primer día sin ellos, sin que nadie le tendiera una mano amiga. La gente parecía estar en otro mundo; sufría como un ego espiritual.

Parecía que los iluminados eran los que habían ido a ver al maestro.

Claro, no se puede generalizar, pero ella sentía una energía rara, no muy agradable, que la aislaba y ella era parlanchina, curiosa, entretenida.

El segundo día se la pasó llorando por no encontrar a sus amigos.

Por momentos estuvo ocupada viendo de qué manera podía calentar el agua para darse una ducha que la relajara, pues no había forma de conseguirla siquiera tibia.

Al tercer día se prometió que al salir del Darshan iría a pedir ayuda.

Por la tarde consiguió la dirección de un lugar donde se hacían las denuncias. Algo así como una delegación de la ciudad.

En la ciudad del avatar no existe la inseguridad, así que sólo se podía denunciar alguna pérdida de calzado o de alguna identificación.

Ella llegó alterada, apenas en ese momento había caído en la cuenta que no podían haber desaparecido sin dejar rastro.

En su mal inglés le comentó al policía que los buscaba en cada fila donde los hombres esperaban el sorteo de sus cartas.

Los buscaba por la tarde cuando todos los muchachos y muchachas se disponían a cantarle a la luna.

La preocupación le había traído dolor de estómago, estaba empezando a pasar por la peor pesadilla de su vida.

No le encontraba explicación lógica a tal decepción, no podían haberla dejado sola sin alguna razón, algo tendría que haber pasado.

En la delegación del lugar la escucharon con atención y le dijeron que se quedara tranquila, que sus amigos aparecerían en cualquier momento.

Ellos atribuyeron la desaparición a que muchos se quedan meditando y alcanzan como un cierto nivel espiritual en el que se pueden quedar días sin comer, sin tomar agua, sin darse cuenta del transcurrir del tiempo y del espacio.

Pero a Camila esta parte de la supuesta historia no la tranquilizaba. Si bien no conocía mucho a sus amigos no los veía tan fervorosos como para quedarse extasiados en una gran meditación.

Camila extrañaba a su familia y hasta su celular.

Creía empezar a amar a Agustín. No sabía cómo decírselo, pero en algún momento lo expresaría con tranquilidad. Aunque por ahora no podría hacerlo, pues su enojo podía más.

Ella se preguntaba adónde se habrían metido.

Camila andaba caminando por la calle donde estaba su recinto y vio la puerta abierta.

De pronto, al acercarse a su departamento, se alegró de ver luz por la ventana y pensó que alguno de sus amigos estaría en su habitación, pero grande fue su asombro cuando encontró a una muchacha sentada en su cama viendo por la ventana a la gente pasar. Se paralizó al verla, pues era tan blanca que parecía un fantasma.

La muchacha la miró y le sonrió, se paró con mucha gracia y le tendió la mano para saludarla.

–*Hola, soy Ingrid. ¡Oh!, encantada. Me pusieron como tu compañera de cuarto, espero no molestarte. Estoy cansada, he viajado muchas horas. Soy alemana.*

–*Hola, gusto en saludarte. Yo soy Camila, bienvenida. Me alegra tener una compañera de cuarto. ¿Pero cuándo llegaste?*

–*Apenas acabo de entrar, perdón por no esperar a que vinieras, pero estoy agotada por el viaje.*

–*No te preocupes, yo estoy un poco desesperada. Vine con dos amigos, pero ellos desaparecieron, es como si se los hubiera tragado la tierra.*

–¿Han desaparecido aquí?

–Sí, se despidieron de mí hace unos días, aquí mismo. Debían irse a sus cuartos, pues las mujeres y los hombres no pueden compartir habitaciones.

Yo creí que al otro día los vería, pero no aparecieron más.

Fui a averiguar al centro del Ashram a ver qué podían hacer para encontrarlos, pero me dijeron que ellos no sabían nada y que aquí nadie tenía por qué temer, pues las cosas malas no existían.

–Y entonces ¿qué crees que pasó? —preguntó la nueva compañera.

–No lo sé.

–¿No intuyes algo?

–No, sólo pienso cosas feas, eso creo que es normal. ¿Verdad?

–Pues no sé si es normal, pero es muy común pensar cosas feas.

–Creo que me abandonaron.

–Eso se me hace raro, pero si tú lo dices...

–Mira, te contaré —dijo Camila. Y se sentó al borde de la cama y comenzó a relatarle toda la historia.

Ingrid exclamaba "¡oh!" una y otra vez, con los ojos muy abiertos por el asombro, aunque esto se mezclaba con algún bostezo de cansancio.

El relato era tan largo y tan entretenido que Ingrid no sabía si escucharlo con buena disposición, o pedirle a Camila que lo dejara para la mañana siguiente.

Pero le dio pena cortarle la conversación, así que permitió que terminara su narración cómodamente.

Ingrid se paró para prender un cigarrillo.

–¿Qué haces? —le dijo Camila con un tono de estupor.

–Nada —dijo Ingrid—, fumo, ¿tú no fumas?

– ¡Es que aquí no se fuma!

–¿*Eso quién lo dice?* —preguntó Ingrid con un dejo un poco burlón.

–*Lo dicen todos los reglamentos del Ashram, se supone que si estás en un buen momento espiritual no sigues con cosas como el alcohol ni el cigarrillo.*

–*Bueno, yo no estoy en el camino espiritual* —dijo sarcásticamente Ingrid.

–¿*Y entonces por qué viniste hasta aquí?* —preguntó Camila.

–*Vine por curiosidad, pero yo no creo en nada, ni en Dios.*

–*¡No entiendo, no puede ser! Yo creí que toda la gente que estaba aquí era devota.*

–*Bueno, a lo mejor lo es; no es mi caso. A mí me encanta investigar, aprender y si me gusta lo creeré, si no, no le haré caso.*

–*¡Dios!* —dijo Camila—, *esto era lo que me faltaba.*

–*A lo mejor sí* —dijo Ingrid—, *a lo mejor te hace falta alguien terrenal, frío y calculador para que te dé consejos desde lo más práctico de la vida. Y ya dejes de pensar en almas gemelas y milagritos.*

–*Dios* —siguió exclamando Camila—, ¿*por qué esto a mí? Si yo soy buena persona.*

–*¡Ja, ja, ja!, Camila, no tiene nada que ver ser bueno con no ser creyente, yo también soy buena persona aunque te cueste creerlo.*

Cuántas personas conoces que son capaces de creer fervientemente y de rezar, pero no son capaces de ayudar a los otros.

Yo soy buena y, de hecho, puedo demostrártelo. Y si no me lo crees por qué no vamos tú y yo a buscar a tus amigos.

–*Es que no sé adónde buscarlos.*

–*Ya aparecerán* —aseguró Ingrid con su tono alemán—, *ya verás.*

Ingrid comentó que tenía hambre y la invitó a tomar la merienda.

Camila aceptó de muy mala gana, pero se le hizo una buena idea distraerse por un rato.

Durante el trayecto Camila observaba los negocios mal dispuestos, sucios y desordenados. Las calles de tierra roja, los sonidos enloquecedores de las personas y se sentía cada vez más molesta.

Una pesadilla era pequeña comparada con tan mal momento.

Camila le platicó a su compañera que si no encontraba a sus amigos en dos o tres días más se marcharía. Entonces Ingrid la cuestionó:

–*¿Tú no quieres quedarte a ver qué pasa contigo misma? ¿O viniste a hacer encuentros sociales, amiga?*

–*Es que no es así, vine con dos amigos y lo único que pedía es que si no querían estar conmigo me lo dijeran, y no que me dejaran sola, abandonada y preocupada.*

Creo que esperaré dos o tres días más y si no aparecen me iré. ¡No quiero estar más aquí!

–*¿Pero no crees que si viniste aquí es por algo? ¿No crees que es momento de que vivas una experiencia diferente a la de estar en tu casa?*

– *No lo sé. Pero la verdad es que no creo en nada.*

–*Ah, qué fácil lo dices, qué fácil se te va la fe* —le dijo Ingrid, enojada.

No crees que en la vida hay que ser más coherente, que no se puede andar perdiendo la fe nada más porque sí.

–*Oye, no es porque sí nomás, es porque lo que planeé no salió como yo quería. Además, tú por qué hablas si no crees en nada.*

–*Si hablo es porque me gusta hablar, mi tipo de fe es especialmente singular. Tú eres una niña con suerte, pues no siempre las cosas salen como se quiere.*

¿Cuántas veces puedes perder la fe?, ¿muchas?, ¿pocas?

Por estas circunstancias no tienes por qué enojarte con la vida.

Ven, te contaré una historia: hace mucho tiempo, alrededor de quince años, yo tenía diez añitos. En una noche lluviosa y fría mi padre nos abandonó. Dijo estar harto de mi mamá, y el señor muy tranquilamente se fue y no regresó nunca más. Al principio pensé que podía ser una pelea pasajera, pero luego, al pasar los días, me di cuenta que debía ser algo más serio.

Mamá no paraba de llorar, de culparme y culpar a mi hermano de su cansancio. Así que nos dejó en la casa de una vecina y nunca más volvió ni ella ni su esposo.

La vecina consiguió el teléfono de una tía y ahí nos colocó. Quedamos al cuidado de ella hasta la mayoría de edad.

Al principio nos culpamos de cansar a mamá y a papá, porque en todo abandono, sea del tipo que sea, el que se queda abandonado se siente culpable.

Las dudas que aparecían en nuestra mente eran las siguientes:

¡Seguro algo les hice para que nos dejaran así!

¡Yo no valgo lo suficiente!

Pero luego te vas dando cuenta de que hasta el abandono es cultural, ancestral e incluso costumbre de la misma familia. Un día, recorriendo mi árbol genealógico, encontré muchos casos parecidos al mío.

–Serán abandonos por ignorancia, o por lo que quieras llamarle, pero son abandonos al fin —dijo Camila, pues estaba en contra de justificar cualquier otra opción.

Pero Ingrid, que a esta altura del relato se había dado cuenta de que todavía el tema la angustiaba, pareció no escuchar el comentario bienintencionado de Camila y siguió contando su historia.

–Y estas huellas quedan tan marcadas en el alma que la

podrían partir en dos. Duelen las pérdidas, las despedidas, el quedarse mirando cómo la puerta se cierra en tus narices y nunca más deciden regresar.

Camila abría los ojos más y más, asombrada de la amarga historia.

–*Entonces ¿nunca más los volviste a ver?* —preguntó Camila, esperando con ingenuidad una respuesta con final feliz.

–*No, nunca más, pero ¿sabes Camila qué creo?, que quien abandona está peor. Quien abandona sabe que cerró una puerta con un portazo mal dado, que dejó mal cerrada una parte de su vida y que lo que está sin concluir termina siendo un infierno en la cabeza. Que si a ti te partieron el alma, al que abandona, en algún momento, se le parte la conciencia.*

Toda persona sabe cuándo se equivoca, cuándo lastima o cuándo no da lo que tiene que dar.

Así que cuando alguien te deje porque quiera hacerlo, tú sólo pídele que cierre bien la puerta.

–*No entiendo* —dijo Camila—, *¿qué me quieres decir?*

–*Que cuando te vayas de la vida de alguien sepas decir adiós, que le digas por qué te vas. Porque no querer decirlo es de cobardes.*

Es muy fácil irse de la vida de los demás sin dar explicaciones, ni dejar constancia que se ha cortado un vínculo que se construyó con la participación de dos.

Vivir desapegado es un estilo de vida, en el cual se evita la obsesión o la necesidad sobre algo o alguien y se libera en gran parte el ser.

El único abandono que no está permitido, el que no te mereces, es el abandono de ti misma.

–*¡Ay, si fuera tan fácil!, si pudiera pensar como tú qué clara tendría mi cabeza* —dijo Camila muy animada en la charla—. *Creo que quiero dormir. Vámonos.*

–Como tú digas, Camila. Así se hará. Pero primero iremos a mirar debajo de la cama a ver si no tenemos algún bicho para darle el besito de las buenas noches.

Camila se rio de la ocurrencia, pero su amiga la interrumpió para decirle:

–Mañana te acompañaré a sacar tu pasaje de regreso. Y si quieres te olvidas de esto que viviste. Si me lo permites, te puedo hipnotizar, yo lo sé hacer muy bien. Te hipnotizo para que no pienses más en Agustín.

–Mejor déjame descansar, mañana veremos qué pasa.

III
Los desconciertos

Los desconciertos, las desilusiones son parte de la vida. No puedes vivirlos como lo peor que te ha pasado. Pues de esas cucharadas amargas tendrás infinidad y cuanto más las cuentes más se multiplicarán. Déjalas correr como el agua de una fuente hasta el lugar de donde salieron, para que el fluir de tus ilusiones regrese con nuevos bríos.

La India tiene unas noches hermosas, se escucha el cantar de los grillos. La luna es enorme, blanca y brillante. La temperatura baja unos grados de manera brusca. Sólo algunas personas pueden aguantar el frío de las tardes.

Camila cerró la puerta de su habitación y contó los días para irse. Su amiga alemana estaba en las reuniones de extranjeros, las cuales se llevaban a cabo debajo del árbol de los deseos.

Camila lo había conocido como al pasar, recordaba un árbol inmenso, frondoso y repleto de papeles colgando de sus hojas. Éstos eran todos los deseos de los fieles, curiosos y creyentes. ¡Un árbol y muchos deseos!

"*¿Cómo hacer para tener tanta fe? ¿Cómo ser valiente y no sufrir de miedos?*", se preguntaba en la intimidad de su mente.

Buscó en su bolsa un cigarrillo. Creyó haber puesto una cajetilla; metió la mano en su bolsa varias veces; rogó que hubiera quedado aunque fuera uno. No había fumado casi nada en todo el viaje, ahora se le antojaba y mucho.

Fue inmensa su alegría cuando encontró el paquete hecho un lío y con dos cigarros algo apachurrados, pero lo suficientemente enteros como para poder fumarlos.

"¡Aquí no se fuma!", había dicho el servo cuando les entregó las reglas.

"No se fuma, no se miente, no se hace daño, bahhhh, quién era él para poner reglas.

¡Como si fumar fuera parte de la baja moral!"

Y enojada con el amor se fumó los cigarros que había encontrado. Pero ni siquiera los disfrutó, porque lo que se hace con despecho se vive con culpa.

Alguien tocó su puerta y ella la abrió sin recordar que podrían echarla del Ashram por desobedecer.

–Hola —dijo su amiga—, *¿qué haces con un cigarrillo?, ¿estás loca?, ¿quieres que te echen?*

–A lo mejor eso quiero.

–¿Y por qué? ¿Por qué no te vas si nadie te ata? ¿No puedes cambiar el pasaje de avión?

–No sé si quiero hacerlo. Pero prefiero no ahondar en este tema. Cuéntame, ¿cómo te fue a ti?

–Yo disfruté como nunca en la vida. Cantamos, tocamos la guitarra, bebimos agua de coco y conocí unos extranjeros que contaron historias maravillosas de su vida y de los milagros que se viven aquí.

–¿Cómo le haces para creer todo lo que te dicen? —preguntó Camila, un poco envidiosa por la actitud de su amiga.

–¿Tú cómo sabes que algo no es verdad? ¿Tú no has vivido milagros?

–¡Claro que sí! Por eso estoy aquí, para agradecerlos. Pero ahora estoy enojada, no me hagas caso.

–No sé por qué te enojas, por qué no te la pasas bien y cuando llegas a tu casa te creas problemas.

Ya te dije que el único abandono que tienes que temer es al propio, ¡los otros qué te tienen que importar!

¿Sabes cuántas personas te abandonarán mientras vivas? Más de las que puedas contar con los dedos de tus manos.

Estás mal porque cuando te abandonan siempre piensas que es por algo, ¿no es así?

–Sí, amiga, pareces adivina.

–No, no lo soy, pero tengo tanto camino recorrido en mi vida que sé de emociones como cualquier doctorado en psicología.

Me imagino que pensarás que tú eres la culpable y la que no sabe cuidar a los demás. Pero no te preocupes, así somos las mujeres, siempre nos culparemos.

¿Tú no crees que el que abandona tampoco se sentirá en paz?

–No lo sé, yo no te podría decir lo que siente alguien, pues no estoy en su cabeza, pero sí sé lo que siento. Y no se lo deseo a nadie.

–¿Tú has abandonado a alguien alguna vez? —preguntó la guapa Ingrid.

–¿Sabes?, creo que no, pero quizá si le preguntas a alguien que me conoce y que se ha sentido hecho a un lado por mí, puedo decirte que sí.

El abandono no siempre es verdadero, muchas veces puede ser una percepción equivocada.

–Acuéstate y ven mañana conmigo a cantar y esperar el sorteo de las filas —comentó Ingrid con el cariño y la paciencia que tiene una amiga del corazón.

–Tengo una carta, podré dársela a alguien que le hayan sorteado alguna fila cercana al maestro.

–¡Qué poca fe te tienes! ¿No puedes pensar que mañana nos estarán llamando para tener una cita con el avatar?

–Ni se me ocurrió. Tienes razón, estoy tan insoportable que hasta yo me desconozco.

–Has sacado a pasear tu peor parte, ¿ves? Qué bueno que estás sola, ¡ja, ja, ja! Quéjate todo lo que quieras, es muy interesante que te pongas a pensar en cosas buenas, porque las malas se hacen presentes cuando menos las esperas.

Mi abuelo decía que lo bueno viene a pie y lo malo a caballo, así que apúrate amiga.

No te preocupes por tus amigos, tal vez están mejor que nosotras.

–¡Ja, ja!, no se puede creer, tienes como una ley del secreto interna.

–Sí, soy como la ley de atracción con patas.

–Y con cabeza... No me digas que no eres feliz con pensamientos tan disparatados.

–A veces soy infeliz, pero me aguanto esa infelicidad y luego pienso en algo bueno y se me pasa.

–¿Y practicas la ley de atracción? Porque yo he vivido muchos milagros y la he practicado, pero ahora creo que no me funciona.

–La ley de atracción siempre funciona, los que no funcionamos somos nosotros. ¿Sabes lo que dice mi madre? Que en su época la ley de atracción no existía, pero inconscientemente todo el mundo la conocía como una ley de esfuerzo igual a resultado-recompensa.

No la identificaban como una forma de conocimiento, sino que era algo intangible, pero ya sabido.

No te lo enseñaban porque era obvio que tú ya lo sabías.

No se hablaba de autoestima porque se sabía que era darse valor.

No se hablaba de respeto porque ya se respetaba.

Era normal desear una casa y tenerla.

Desear un auto y poder comprarlo.

Lo que no era tan fácil de tener era que las casas tuvieran varios pisos, jacuzzi y sala de juegos.

Que el auto tuviera todo el confort del mundo.

Porque para eso sí se necesitaba la ley del secreto, la de atracción y la paciencia para esperar ambos milagros.

Los milagros eran tomados como tal.

Las enfermedades no eran tan normales ni las mal llamadas "terminales" estaban tan a la orden del día.

Tampoco había tantos aparatos médicos escaneando con lujo de detalles cada órgano o célula. Así que mucha gente moría de lo que fuera, pero precisamente no de lo que se mueren ahora.

Piensa: cuanto más investiga un médico más encuentra. Así que el dicho "el que busca encuentra" sí tiene sentido.

–Diríamos entonces que... ¿para qué está el médico? —dijo Camila, muerta de risa.

–Más médicos vemos, más enfermedades encontraremos. ¿Tú eres médica?

Mi madre fue al acupunturista y éste al ponerle las agujas observó una cicatriz y le preguntó:

"¿Señora qué tiene usted aquí?", preguntó el médico señalándole una cicatriz.

"Es que me dolía la vesícula, entonces el doctor me tuvo que cortar y sacar la vesícula."

"¿Y esta otra", dijo el doctor, señalando el riñón.

"Es que me dolía, entonces él me tuvo que cortar y sacar unas piedras del riñón."

Y el acupunturista le advirtió:

"Señora, tenga cuidado cuando le duela la cabeza, pues corre riesgo de que se la saquen."

Camila se empezó a reír como loca. Y luego le comentó a Ingrid que uno de los amigos con los que había venido vivió un milagro maravilloso y ella había sido testigo de ese gran acontecimiento.

Contó que Damián se había salvado de una muerte más que segura.

–*Yo fui testigo* —dijo Camila, mientras abría grandes sus ojos—, *fue el milagro más hermoso que viví en mi vida.*

–¿Y después de vivir semejante milagro crees tener el derecho a titubear, a dudar del poder de Dios?

No mezcles los acontecimientos, tú eres una persona de fe, pero ahora estás enojada con la vida. No tienes por qué desperdiciar estos mágicos momentos sólo porque tu amigo y el futuro amor de tu vida te abandonaron por unos días.

–Bueno, no estoy de acuerdo con el abandono de los pocos días, tú hablas como si no fuera nada, pero para mí es una falta grave que me dejaran aquí sola. No sé qué les ha pasado, ya hice denuncias, y me dicen que aquí no pueden ocurrir cosas feas. Pero no volveré a tocar el tema.

El milagro de Damián a mí me dio las fuerzas para seguir con entusiasmo mi nuevo camino espiritual.

Acabo de dejar mi carrera para convertirme en una guía. Sé que me falta mucho por aprender, pero nunca es tarde.

Damián es un chico de veintiún años, él era el sostén de su familia, un muchacho sensible, inocente, sin vicios. Totalmente desinteresado y poco fijado en las cosas materiales. De una familia de clase media, un padre taxista y una madre vendedora.

Un chico feliz y amoroso. Él decidió salir a trabajar, pues en su casa no alcanzaba el pequeño sueldo de sus padres. Así que consiguió trabajo en un casino.

Lo primero que le pidieron fue que se fuera a realizar estudios clínicos, entre ellos un análisis de sangre. Cuando terminaron los análisis, empezó a trabajar.

No era el mejor trabajo del mundo, ni tampoco el peor; era un trabajo y nada más.

A Damián no le gustaban los juegos de azar ni la energía de esos lugares, pues el juego es donde la gente se junta para desafiar a la muerte.

Damián no tenía ninguna enfermedad cuando empezó a trabajar, a los quince días de entrar al casino le dio mal el premio a un ganador.

Se equivocó tremendamente con el pago, no sabe qué fue lo que hizo, pero sin duda algo pasó, no se dio cuenta y confundió tres mil pesos con ¡treinta mil!

Así que cuando hizo su corte de caja se dio cuenta de que tendría que trabajar todo un año y sin goce de sueldo para devolver el cambio del suertudo que ganó diez veces más su apuesta.

Luego de ese episodio, a los pocos días, Damián empezó a sentirse mal. Un día, durmiendo en la casa de un amigo de su infancia se levantó temprano, se sintió muy mal y pidió que lo llevaran a su casa para que su mamá lo trasladara al doctor.

Así lo hicieron, entonces el médico diagnosticó dos enfermedades terminales, y todo lo demás que ya te puedes imaginar. Empezaba el desfile de médicos, personas, visitas, etcétera, etcétera.

Él, tranquilo, como siempre, no tuvo ni el más mínimo miedo. Le preguntábamos: "Damián, ¿tienes miedo?".

Y él decía: "¿Miedo de qué? Miedo tienen que tener los médicos si no saben cómo curar mi enfermedad. Ésa es responsabilidad de ellos, no mía. Después de todo yo no soy médico, soy un muchacho budista que lo único que sé decir es mi rezo".

–¿Tú crees que lo dijo siendo congruente con su corazón? ¿Este niño es confiable?

–Claro que lo es. Los que no eran confiables eran sus médicos, que estaban totalmente convencidos de que no viviría mucho tiempo.

–¿Pero quiénes son ellos a fin de cuentas?, si nada es matemática ni los ciclos biológicos son tan perfectos.

Yohana García

Es como pensar que una mamá puede tener un hijo cada nueve meses. No todas las personas son exactas con la fecha de nacimiento que les ha dado el médico.

Todos sus diagnósticos los miden con una simple palabra... "aproximadamente". Como si fuera una fecha de vencimiento de un envase. Como si dijeran: "Mire, dentro de un mes puede tirar su cuerpo, para entonces ya estará vencido".

—¿Pero sabes por qué pasa esto? Porque no es fácil dar tiempos, ni resultados.

—Camila, te escucho con tanta sabiduría y no puedo creer que para algunas cosas seas tan inteligente y para otras tan necia. ¿Renunciaste a tu trabajo?

—Sí, ése fue el motivo por el que renuncié: el gran negocio que representa la medicina.

Hablan del narcotráfico, pero en ese lodo no se mete la gente que no se quiere meter, pero en la enfermedad caen todos y eso es irremediable.

Le damos de comer a los laboratorios, a los centros de salud y lo peor es que no les interesa que la gente mejore porque entonces no es negocio.

Con Damián no había nada que comprobar a ciencia cierta, sí era verdad que estaba muy grave.

Y con los enfermos que yo vi en toda mi carrera de lo único que estaba segura era que el amor que yo como médica les podía dar, sin duda podría mejorar una enfermedad o aliviar un síntoma.

También estaba segura que nadie muere en la víspera, que lo que tiene que tocarte te tocará, sea lo que sea.

El amor siempre llega por todos lados.

Hasta creo que en el plano físico no se tendría que salir a buscar el alma gemela, ni el trabajo perfecto; se debe amar por sobre todas las cosas, de modo perfecto.

Todo llega, si tiene que llegar, y si no, no llegará.

–Pero si piensas así, entonces ¿dónde está el poder de elegir y cambiar un destino?

Si todo es tan fácil, si para llegar adonde hay que llegar no hay que hacer nada, de nada valdrá ir con ganas hacia algún lugar determinado.

Para qué sanar a un paciente si está escrito que se morirá, o quizá está escrito que tomando o no alguna medicina sanará de todas maneras. ¿Para qué te empeñas en hacer las cosas bien si los resultados dependerán de tu karma?

–Pues para sentir que hago mi parte, quizá para sanar mi karma; para eso hago todo lo mejor posible. Porque me gusta, porque me hace bien hacerlo así. Yo no sé el karma del enfermo, no sé qué sentirá si se sana o si se muere, sé lo que siento yo cuando creo haber puesto mi granito de arena al darle alivio.

Y déjame decirte que ese alivio no es para él solo, es para toda su familia.

–Ay, mi querida Camila, ¡cuánta razón tienes! Qué increíble es ponerse a razonar sobre la vida y qué pocas respuestas tenemos.

–¡Pocas!, ¿tú crees que son pocas? Yo creo que tenemos las respuestas que nos merecemos. Las incógnitas sólo se revelan cuàndo es el momento de que salgan a la luz, ni antes ni después.

Así que hasta las respuestas de la vida se develan cuando tienen que salir a la luz. ¿Ves este libro?

–Sí lo veo, ¿qué quieres que vea?

–Quiero que mires su nombre, ¿qué dice?

–A ver, deja que me ponga los lentes, pues tú sabes, con eso de la edad se pierde la vista.

–Ah, no seas exagerada, que el título está bien grande y clarito, dicen que no hay peor ciego que el que no quiere ver, y peor sordo que el que no quiere escuchar.

–Bueno, no me regañes más. Es cierto, busqué mis lentes para comprobar si en el fondo de mi bolsa había quedado algún cigarrillo.

De pronto Ingrid vio un libro que Camila sacó de su bolsa.

–Déjame hojear tu libro, dice Krishnamurti, ¿quién es?

–Un maestro

–¿Otro más? ¿Para qué buscas tantas respuestas en tantos maestros? Por qué no te quedas con uno solo.

–Porque uno solo es poco para toda una vida.

–¿Y de qué se trata el libro?

–Habla del sufrimiento. Quiero que leas esta parte.

Camila terminó de decir esto y su amiga se puso seria. Abrió el pequeño libro y se dispuso a leer. El texto del libro decía así:

El sufrimiento es parte de la humanidad

Toda persona sabe lo que es sufrir y como se siente cuando tiene algún dolor.

Hay diferentes tipos de dolores. Espirituales, sentimentales, físicos y todos estos traen sufrimiento.

Pero hay una diferencia entre el dolor y el sufrimiento.

El dolor tiene que ver con un momento, con un tiempo el sufrimiento es eterno.

El dolor nos avisa que algo no está bien, el sufrimiento nos dice que no se desea disfrutar de las bondades de la vida.

El sufrimiento es tener la posibilidad de que el dolor se vaya y no buscar las soluciones para que no duela más.

El arte de sufrir inútilmente es el arte de quedarse en el lugar que no corresponde totalmente acomodado.

Es elegir no disfrutar y reconocer los dramas de la vida como el único drama.

Hay diferentes tipos de sufrimientos, pero son tantas las escalas de éstos que podríamos decir que no los podemos medir.

Camila le cerró el libro a su amiga, y pensó en cuánta razón tenía el autor. Ella era una experta en el arte de sufrir inútilmente.

Se quedó pensativa, pero Ingrid no tuvo ganas de preguntarle nada. Las dos se quedaron en silencio.

En la contraportada había una inscripción que Camila leyó de reojo.

El dolor es extrañar a alguien que se fue.

El sufrimiento es extrañar y no querer alejarse del apego del amor.

Es recordar con dolor una y otra vez a quien se fue.

Es creer que nunca más se volverá a ver.

–*Oye, repite esa última frase* —dijo Camila en cuanto la terminó de leer Ingrid en voz alta.

Y su amiga la repitió mirándola por arriba de sus anteojos.

–*¿Qué te sucede, Camila?*

–*¿Crees que me guste sufrir?*

–*Si tú no lo sabes cómo lo podré saber yo.*

−Pues te lo pregunto porque me doy cuenta de que estoy tan enojada con el abandono de Agustín que pienso que todo es feo, y ahora me doy cuenta que una cosa es el dolor de que no esté conmigo y lo otro es sufrir, pensar que no quiso estar conmigo.

−Mira, querida Camila, no te sientas tan mal, pues todo el mundo reacciona igual ante lo inesperado.

Se conecta con más facilidad con el dolor que con el placer, pero una vez que alguien se da cuenta que hay que cambiar, entonces cambia.

Nada es para nada, todo tiene que tener un para qué.

Así que si te diste cuenta de cómo pasarla bien, ¿por qué no lo haces? Lleva esas cartas que escribiste para dárselas a tu maestro y luego, si quieres y tienes ganas, nos vamos a pasear por la ciudad.

Hay un centro comercial que se me hace interesante, pues el patio de comidas tiene platos muy ricos.

Así que, amiga, tendremos que cambiar el menú y dejar de comer pizzas. Sería bueno que nos echáramos un clavado en nuevos platos, ya sin miedo. Y si algo no te gusta no te lo comas, recuerda: no tienes por qué reconocer el dolor y disfrutar el sufrimiento.

No te inventes lo que no tienes que imaginarte.

No hagas ni digas nada, sé tú con o sin dolor, pero no seas tú con el sufrimiento. Pues a éste le encanta tener compañía.

Como a la pobreza, a ella le gusta que no crezcas, que no seas abundante, pues así ella puede tener gran cantidad de seguidores en el mundo entero.

−Tienes razón —dijo Camila—, buscaré mi carta y la de mis amigos, me pondré unos zapatos viejos, pues no sabes lo que me pasó el otro día en el Ashram.

Me robaron mis zapatos, ¿tú crees que es coherente lo que te cuento? Te imaginas a alguien yendo a buscar a su maestro espiritual y dedicarse en sus ratos libres a robar zapatos viejos.

–¡Pero los tuyos no eran viejos!

–Bueno, perdón, quise decir zapatos usados.

–¿Cómo que no los encontraste? ¿Los buscaste bien?

–Sí, muy bien, pero ahora que lo pienso, creo que no los busqué donde los había dejado, los busqué en otro lugar.

–¡Ja, ja, ja, ja!, no te puedo creer. Entonces esos pequeños zapatos que vi tirados al costado del Ashram, ¿eran tuyos?

–Sí.

–¡Ja, ja, ja!, ahora me río aún más. Qué divertido. No sabes, los vi y pensé: "¿Qué le habrá pasado a la persona que los dejó, para no irlos a buscar?".

–¡Ja, ja, ja, ja!, no me hagas reír más, por favor.

–¿Y cómo viniste?

–Pues, ¡descalza!

–¡Descalza! Pero es más de un kilómetro. ¿No te quemaba el asfalto?

–Sí, me quemaba, pero qué iba a hacer, si me encanta sufrir. Y lo peor no es eso, es que creo que no vi los zapatos porque me había imaginado con anterioridad que me los habían robado.

–No me digas que no tienes bastantes preocupaciones como para andar inventándote que te habían robado los zapatos, quizá te hubiera quedado mejor inventarte que si dejabas los zapatos tu maestro te traería algún regalo, como si fuera un rey mago.

–Basta, no sigas, me haces sentir ridícula.

–Ah, y lo eres.

–No te preocupes, ya no me ofendo, ya aprendí que no me tomaré nada como algo personal.

Y pasaron los tres días que Camila se había puesto de plazo para quedarse, cada vez más desilusionada de su compañía desertora. Se dispuso entonces a cambiar el pasaje de regreso y retirarse del lugar antes del tiempo planeado que había establecido cuando emprendió el viaje.

Ya no le interesaba el maestro espiritual por el cual había ido, ni le interesó ahondar más en sus enseñanzas.

Camila sólo quería llegar a su casa para tirarse en la cama a llorar; hacía años que no sentía tanto dolor en su corazón.

Había vuelto a perder su amor, su ilusión, su alegría.

Tanta magia al momento en que lo encontró, tanta fuerza había hecho el universo para reencontrarlos, que ahora sólo le quedaba pensar en cómo hacer para olvidar la ilusión.

Pensó en un diálogo con su amiga del alma y lo repitió en su mente como si la tuviera enfrente.

"Amiga mía", dijo pensando en su hermana del alma, que se había quedado cuidando a sus hijas, *"muero por llamarte y contarte mi gran odisea."*

Al terminar de decir esto, se paró, hizo una carta para llevársela al avatar, quizá él la leyera y se riera, o quizá le daría lástima por ella.

Corrió la silla, abrió la ventana y respiró el aroma a sándalo que entraba como una ráfaga de amor. Y muy en su corazón se despidió del lugar.

Camila le dijo adiós a Ingrid con un poco de tristeza y con todo el dolor del alma se despidió de su Ashram. Se subió al taxi y emprendió su regreso.

Pero en el camino al aeropuerto vio una magnífica edificación y cuando preguntó qué era, el taxista le dijo que era el hospital del lugar, el mejor del país. Ella, que era médica, quedó admirada por la majestuosidad.

El taxista le comentó que podía entrar a conocerlo si así lo deseaba. Así que paró el taxi y Camila casi se tiró de él. Recorrió los jardines y un hindú que pasaba por su lado le comentó que no podía dejar de conocer la sala de meditación.

Así que ni lerda ni perezosa se dirigió a ella. Estaba asombrada de la belleza que había en el lugar. En un momento le tentó la idea de sentarse a meditar, pero recordó que el taxi la estaba esperando, entonces se dispuso a regresar. Cuando emprendió su retorno al taxi, sintió una mano en su hombro. Al voltear, casi muere de la emoción.

¡Era el maestro que había ido a ver!

Ella, asombrada de la magia de ese momento, se quedó muda y él, que tenía una mirada de amor increíble, le dijo:

–*¿Qué haces aquí?*

Ella le contestó que estaba conociendo el hospital, pues ya se iba de la ciudad.

El maestro le dijo que ella era libre de hacer lo que quisiera, pero que le recomendaba que se quedara.

Camila, en respuesta, le contó que estaba muy triste pues sus amigos habían desaparecido y se sentía sola.

El maestro le comentó que muchas veces las almas pasaban por desencuentros muy grandes pero que quien ama jamás se olvida del otro. Que ésta era una prueba a su ego y que éste era su lugar.

Camila, intrigada, le preguntó:

–*¿Por qué mi lugar?*

Y el maestro le dijo:

–*Trae a tu familia a vivir aquí, pero quédate.*

Ella le dijo que eso era imposible.

Entonces el maestro insistió y le volvió a decir:

–*Quédate en mi Ashram y serás feliz.*

Ella se alegró con sólo pensar que eso podría ser factible, pero dudó que fuera nada más un producto de su imaginación, así que le dijo al maestro que lo iba a pensar.

Y él, sabiendo que no estaba convencida, realizó un movimiento con sus manos e hizo aparecer un anillo precioso.

Camila lloraba de la emoción y miró al avatar con una gran sonrisa.

Él le dijo:

–Esto es para que veas que todo es posible.

Ella le respondió:

–¡Gracias, maestro!

Y el maestro se dio media vuelta y se fue.

Ella subió al taxi extasiada por el encuentro y fantaseando con volver alguna vez a visitarlo.

IV
Los designios del amor siempre son incomprensibles

No me preguntes por qué te amo
tendría que explicarte por qué vivo.

El amor es algo así como una taza de té:
muchas veces sirve para relajarte
y otras veces te pone irritable y te saca de tu paz.

Las desilusiones del amor son libres
como el pensamiento y no tienen dirección
ni propósito.

Ellas van y vienen con fuerza.
Muchas veces cuando quieres que desaparezcan
regresan con más ímpetu.

No les des lugar a que te oscurezcan el camino.

No te vuelvas adicto a las pérdidas,
al final siempre algo sale bien.
Si no salió bien es porque no llegó al final.

Agustín cerró la puerta de uno de los lugares del templo y se dispuso a meditar, mientras Damián servía algo de comer en unos platos de plástico que había encontrado en un armario.

¿Qué había pasado con ellos? ¿Por qué estaban tan lejos de Camila?

Agustín y Damián fueron a buscar agua cuando dejaron a Camila.

Un servo les dijo que podían conseguir agua de un dispensario que suministraba desde la calle y que estaba a unos veinte minutos a pie, pero por curiosidad y distracción se equivocaron de lugar, y platicando entraron a una calle cerrada que tenía un hermoso templo.

Agustín fue el primero en verlo y en tomar su cámara. Asombrado por su belleza buscó los mejores ángulos para realzar su esplendor. Agustín le iba indicando cuáles eran los mejores ángulos para que cada foto luciera como lo merecía.

–*Agustín* —dijo entusiasmado—, *¡aquí, sácale la foto a este dios! Es Ganesha ¿verdad? Está divino, ¿sabes? Aquí hay que traer a Cami. ¡Le va a encantar!*

Agustín le pidió a Damián que le sacara una foto y se apoyó sobre una puerta labrada con dioses tallados en madera. Damián le dijo:

–*Sonríe* —entonces el flash se disparó y escuchó un ruido agudo como un chirrido que lo asustó. Ese ruido fue provocado por la puerta del recinto que se movió para abrirse y con un movimiento incomprensible se impulsó y los muchachos, que estaban apoyados sobre ésta, casi se caen con el movimiento oscilante.

Se dieron vuelta y se asomaron con timidez, pero al ver el esplendor que había entre diversas estatuas de oro e intensos resplandores decidieron ingresar.

La belleza que veían les provocaba una inmensa emoción y la euforia los hizo gritar de alegría, Agustín preguntó al aire:

–¿Hay alguien aquí, hay alguien que nos escuche?

Ningún ruido se hizo notar.

Entraron y miraron cuanto rincón les llamó la atención, pero de pronto empezó a sentirse un viento muy fuerte y se escuchó el arrasar de éste trayendo entre sus ráfagas tierra colorada que volaba por todos lados. Algo de ésta entró en el templo. A Agustín se le secó la garganta y comenzó a toser, mientras Damián, al ver la situación, no pudo contener un ataque de risa.

El viento empujó la puerta con fuerza y ésta se cerró con un golpe estridente. Damián fue abrirla, pues ya se les había hecho tarde para ir a buscar el agua y llevársela a Camila. Entonces se dieron cuenta de que ninguna de las dos puertas que había en el recinto se podía abrir.

Agustín intentó abrirla, pero no pudo y Damián también hizo lo mismo, sin suerte. Los dos se miraron confusos y angustiados.

Decidieron buscar herramientas para ayudarse, sin embargo, no vieron ninguna a mano.

Los bancos de madera rústica del recinto no se levantaban y los dioses estaban pegados a tarimas de duro material.

No había con qué empujarla, así que los dos amigos con la inconsciencia de los turistas, entre risas y nervios decidieron recorrer un poco más el recinto para ver qué más encontraban, creyendo que alguien entraría a liberarlos.

Trataron de guardar la calma hasta que alguien llegara al recinto, por eso se pusieron de acuerdo para sentarse en un rincón del templo y platicar.

Cada uno rememoró su respectiva niñez, sus navidades y fiestas de guardar en el alma.

Damián como era budista recordó sus rezos, sus retiros y las salidas con su familia. Añoró cuando fue a bailar por primera vez después de sanar de su enfermedad.

Recordó cuando los médicos le dijeron que había sanado por completo y también cuando se había comprado su primera trompeta.

Y quedaron encerrados esperando a que alguien viniera a buscarlos. Al parecer nadie veneraba nada de lo que ellos tenían en los alrededores del templo.

Después de unas horas de encierro y de intentar abrir la puerta inútilmente, buscaron comida en las alacenas. Había alimento empaquetado como para darle de comer a un batallón. Todo el arroz del mundo estaba en la alacena de la cocina.

Abriendo algunos cajones encontraron santos, dioses, figuras conocidas y desconocidas. Pero a Agustín le llamó la atención un Cristo roto y un libro con el mismo nombre.*

Olvidándose del mal momento por el que estaban pasando, llevó el libro a la mesa y se dispuso a leérselo a su amigo. Lo abrió al azar y le dijo a Damián:

–Te voy a leer esta página a ver si nos deja algún mensaje. Por algo nos encerraron aquí.

–¿*Nos encerraron?* —dijo Damián—, *nos encerramos por tontos.*

–¡No digas eso! Cuando pasan estas cosas es porque el universo quiere que nos quedemos.

–¡*Ja, ja, ja!* ¡*Tú estás cada vez más loco!*

–¡¿Por qué no me crees?! Con todos los milagros que viviste tendrías que ser el primero en saber esto.

–*Bueno, yo sé lo que me dijeron mis maestros cuando estaba muerto, pero no sé eso de que te encierren* —haciendo una mueca, Damián rio.

Agustín entendió entre líneas y le dijo:

* *Mi Cristo roto*, Ramón Cué, S. J., Guadalupe, Buenos Aires, 1979.

—Pero cuando regresaste a esta vida tus primeras palabras fueron que las leyes de arriba y de abajo son las mismas.

–*¡Pero no me dijeron nada que nos iban a encerrar en un templo!, ¡ja, ja, ja!* —Y mientras jugueteaban con su pasado, Damián abrió el libro y dijo—: *Mira se abrió aquí, así que te lo voy a leer.*

—Bueno, si insistes me quedaré escuchando, después de todo creo que no me das otra opción.

–*Oh, claro, si quieres ve y prende la televisión.*

Y Damián se rio, pues no había nada moderno, ni siquiera luz eléctrica.

–*Ahí voy, prepárate para la lectura. El libro cuenta que una imagen de Jesús se rompe y se caen pedazos de su cuerpo y un padre la encuentra. Ahí te va:*

¡CÁLLATE, preguntas demasiado! ¡¿Crees que tengo un corazón tan pequeño y mezquino como el tuyo?! ¡CÁLLATE! No me preguntes ni pienses más en el que me mutiló, déjalo. ¿Qué sabes tú? ¡Respétalo! Yo ya lo perdoné. Yo me olvidé instantáneamente y para siempre de sus pecados. Cuando un hombre se arrepiente, yo perdono de una vez, no por mezquinas entregas como vosotros. ¡Cállate! ¿Por qué ante mis miembros rotos, no se te ocurre recordar a seres que ofenden, hieren, explotan y mutilan a sus hermanos los hombres? ¿Qué es mayor pecado? Mutilar una imagen de madera o mutilar una imagen mía viva, de carne, en la que palpito yo por la gracia del bautismo. ¡Oh, hipócritas! Os rasgáis las vestiduras ante el recuerdo del que mutiló mi imagen de madera, mientras le estrecháis la mano o le rendís honores al que mutila física o moralmente a los cristos vivos que son sus hermanos.

Agustín levantó la mirada y le preguntó a Damián.

–¿Y tú qué piensas? ¿Tú perdonarías a quien te hirió?

–*¡Y justamente a mí me lo preguntas!*

–Sí, ¿por qué no he de preguntártelo?

–*Porque yo tuve que perdonar para salvarme.*

–¿Oye tú crees que la enfermedad viene por no perdonar? ¿Y entonces la genética no existe? Pobre el que se enferma y que tiene que perdonar, además de pasar dolor.

–*La genética existe, pero no es todo. Yo recuerdo que una vez fui a un curso, creo que se llamaba algo así como… Registros akáshicos. Bueno, no recuerdo bien su nombre, pero me dijeron que iba a perdonar a mi mamá.*

Y yo no lo creí. El día que recordé qué traía en mi corazón y perdoné, ese día mi enfermedad desapareció.

Yo no sé si el que perdona se libera, no lo sé. Pero por las dudas es bueno perdonar.

–Yo también creo que perdonar es maravilloso, pero no debe ser tan fácil, no todos somos Dios.

–*Perdonar es simple, pero no es fácil. No siempre se puede hacer con el corazón, pero con que lo hagas con la mente, ya está bien.*

–No sé qué decirte, pienso en tantas maldades que tiene el mundo y siento que no se puede entender dónde está la perfección.

Imagínate un Hitler, un Bin Laden, ¿dónde puede estar la perfección?

–*La perfección existe y como es arriba es abajo y esto mismo me dijeron mis maestros cuando estuve muerto.*

Tú no puedes negar los peces del mar, porque no los has visto a todos, pero ahí están.

No puedes negar los millones de células que recorren tu cuerpo, pero están.

No puedes negar la interminable lista de estrellas que existen porque no las veas.

Así que lo que no ves también existe, y un millón de interrogantes habrá siempre mientras estés en este planeta, en este plano, en este nivel de energía.

Imagínate un Cristo roto perdonando y dando más de lo que tiene, ¿no te llena de gratitud?

–Pues no sé muy bien lo que me estás diciendo; creo que sería bueno dejar el libro donde estaba y pongámonos a pensar en salir de aquí, esto ya me está desesperando. Veamos cómo salimos.

–No me cambies de tema, si no salimos rápido y nos desesperamos estaremos sin fuerzas; en cambio, si esperamos a que pase lo que está escrito que tenga que pasar, nos tomará de sorpresa la vida con alegría y saldremos con fuerzas a buscar a Camila y le mostraremos qué bonito templo encontramos.

–A propósito de Camila, ¿no crees que estará preocupada? Yo creo que hace más de dos horas que estamos aquí. ¡Cómo extraño mi celular, cuánta falta me hace en este momento! De verdad me inquieta que ella se preocupe.

–Bueno, esperemos, alguien deberá venir pronto. Mira, encontré en una caja unos saquitos de té, ¿quieres que te sirva uno?

–Sí, una taza quizá me tranquilice, pues me quedé pensando en la historia del libro. Sí, yo también tengo que perdonar a la mamá de mis hijas —dijo Agustín con un tono de enojo.

–¿Y eso por qué? —preguntó asombrado Damián.

–Porque nunca me quiso, ella fue muy indiferente conmigo, no le importó que yo quisiera entrar en el camino espiritual.

–Es que estos caminos generan celos, envidias, miedos. La gente piensa que después de este camino ya no la querrás igual y, ¿sabes?, tiene razón.

–¿Qué dices?

–*Ya no la querrás igual, la querrás más o no la querrás nada. A mucha gente ya no le prestarás atención porque tu energía irá al servicio y a la devoción de Dios y los maestros espirituales.*

Te engentarás con facilidad y sólo querrás estar donde tendrás que estar. Lo material que te movía antes ahora no te hará mella, no te importará, nada te deslumbrará más que ayudar a alguien.

No habrá satisfacción más hermosa que una sonrisa y un abrazo que puedas dar.

Estarás en conversaciones que te parecerán aburridas y los lugares de diversión te parecerán vacíos.

Los cambios de energía traen aparejados muchos motivos de divorcio. No todo el mundo crece al mismo tiempo.

La vida envuelve con su manto de hermosura, pero ese manto está lleno de misterios y hay que ser muy valiente para develarlos. Y en esas revelaciones encontrarás verdades ocultas en los afectos cercanos que te harán dudar del suelo en el que te hallas parado.

En pleno camino espiritual te encontrarás en la etapa de descubrimiento de verdades fuertes que te traerán a la realidad tirándote de los cabellos.

Te darás cuenta con quién estás, qué haces y hasta dónde querrás llegar. Hay que ser muy valiente para entrar en ese camino para mirarse sin tapujos y salir a buscar la verdad, no tu verdad.

Convertirse en buscador interno es todo un desafío, pues las verdades están dentro y no afuera.

El buscador se ve y no se gusta, quiere encontrar respuestas, todas de una vez, pero al no aparecer tendrá que hallar las respuestas en cada rincón de su corazón. Si no, en las soluciones que le brindará a los demás. Cuanto más se crea preparado más le faltará aprender.

La información que tiene el alma es increíble. Deberá tener paciencia en cada tramo de su vida y con su conocimiento ya no podrá culpar a sus seres queridos porque él sabrá que los eligió y que vino a aprender.

Por eso este mundo está en un movimiento de energía tremendo, porque hay muchos buscadores que están esperando sus respuestas.

Hoy el mundo es un gran signo de interrogación que se pregunta adónde irá a parar. Pero cuando yo estuve muerto y le consulté eso a mis maestros, ellos se rieron, pues dijeron que íbamos a ir a parar adentro.

–¿Adentro de qué? ¿De un agujero? —preguntó Agustín, inquieto por la amena charla de su nuevo amigo.

–No, te lo digo en serio... Iremos a parar adentro del corazón de Dios.

Recuerdo que en esa visión que tuve pude preguntarles cómo se iba a terminar el mundo. Y ellos, con cara muy seria y preocupada, me llevaron al Parque de los recuerdos y con un chasquido de sus dedos encendieron las luces de cristal del lugar.

Me mostraron personas con una gran fe unidas para un mundo mejor pasándose oraciones y meditaciones para atraer la luz y plasmar un buen futuro a las próximas generaciones.

También me mostraron una gran nube, una gran oscuridad, una tiniebla temerosa que exhibía la maldad y los maestros me hablaban de las fuerzas opuestas y complementarias, y dijeron que cuando la luz estuviera más intensa más grande sería la oscuridad y que la lucha nunca terminaría.

Que tenemos que aceptar la polaridad y que, sin duda, los de las luces jamás pasan a la sombra, pero que los de las sombras pueden pasar muchas veces a la luz.

Y que si entre todos trabajábamos para estar en la luz, la

oscuridad quedaría atrás, pero nunca podría desaparecer. De vez en cuando se hará presente.

Te quedaste con la boca abierta Agustín. ¿Qué te pasa?

–Es que tiene mucha lógica, te fuiste a un cielo de mucha tierra. ¡Ja, ja, ja!

–No te rías, que morirse no tiene mucho chiste, pero si te burlas no te cuento más.

–No, te juro que te tomaré en serio.

Y Damián siguió contándole la historia del milagro.

–Les pregunté de los niños índigo.

–También les hubieras contado de los mendigos. ¡Ja, ja, ja!

–Ves cómo eres. No me tomas en serio.

–No, no te enojes, te juro que no te interrumpo más.

–Bueno ¿sigo, o no?

–Sí, sigue... Perdóname.

–Me dijeron que eran almas que nunca habían bajado a la tierra, pero que tampoco querían hacerlo, pues este mundo les resultaba insulso, no les gustaba el mundo material y este mundo lo es.

Ellos vienen a mostrarles a sus padres que viven equivocadamente, que por más que se rompan el alma trabajando nunca logran la estabilidad deseada. Que por más que se casaron enamorados no logran que las parejas duren y las que duran están aburridas de estar juntas y que todas las personas que trabajan bajo las órdenes de un jefe dan su vida y sus horas a un trabajo que los utiliza y se roba su tiempo.

Ellos quieren tener su propia marca, ser libres de jefes, horarios, o gente que los mande.

Este mundo será de artistas, arquitectos autónomos y gente que cante y baile en la calle.

–Me imagino —dijo Agustín—, será un mundo de vagos.

¡Ja, ja, ja! Todos hippies. ¿Y también te dijeron que no les gusta el estudio, que no fijan bien su atención en los temas?

¿No te dijeron que los problemas de estos niños son sus familias disfuncionales?

–*No, no me lo dijeron, pero tú no puedes dar grandes opiniones, ni juzgar, porque si mal no recuerdo, tú estás separado. Y te separaste por una tontería.*

–Tontería no. Yo quería cambiar de trabajo, quería ser libre, no tener que dar explicaciones y cuando logré hacerlo todos me juzgaron y me maltrataron. Como yo soy un hombre con dignidad decidí irme de mi casa, pero no abandoné a mis hijas.

–*Yo quisiera seguir con el relato pero un gran enojo se está apoderando de mí y ese enojo me da la posibilidad de decirte en la cara que eres un hipócrita.*

¿Tú cómo crees que se abandona a alguien?; ¿con irse y no regresar jamás? ¡No, mi querido amigo! Estás muy equivocado, se abandona de miles de formas, entre ellas viviendo en tu mundo y no prestándole atención al de tus hijas.

¿Cuánto hace que no les preguntas qué quieren para sus vidas? ¿Cuánto hace que no las llevas a sus clases? ¿Tú crees que con visitarlas una vez por semana o dos ya está?

Que eres un buen padre porque les pasas su mensualidad. ¡Oh!, amigo mío, no quieras convencerte de que no las abandonaste.

No creas que las familias disfuncionales son sólo las de ahora, todas lo son; la tuya, la mía, la de mis abuelos. Todas.

Entonces qué excusas pondremos para entender que estos niños están cansados.

–¡Mira, no me ofendas! —dijo Agustín, furioso—, tú no eres nadie para juzgarme y además estás hablando de estos hijos nuevos o índigos que no entiendo. Además tú dices que nacen cansados. ¿Cansados?, pero si no hicieron nada, ¿qué, ya están cansados en cuanto nacen?

–*Pues no vienen cansados, pero vienen sabios y la sabiduría es hacer lo que te guste.*

–¿Aunque económicamente no salgan adelante?

–*Sí, ¿sabes por qué?*

–¿Por qué?

–*Porque la economía no tiene que ver con la abundancia. La economía es la ciencia que trata de entender cómo se realiza la estimación de costos y valores en las transacciones voluntarias.*

En cambio, la prosperidad no pasa por la razón, sólo vale por el sentido de abundancia que quieras darle. Esta energía sólo pasa por ser un estado del alma en el que te permites avanzar en lo material. Y ellos saben ser abundantes sin tener que trabajar su economía.

–¿Y de qué trabajarán? ¿Venderán collares en las puertas del Metro?

–*A lo mejor sí, pues serán felices con lo que les toque vivir. ¿No crees que eso es lo mejor que te pueda pasar en la vida?*

–Pero ¿qué hay de que no sigan reglas y que no les gusten las obligaciones? ¡Sin obligaciones no puedes ser exitoso!

–*Depende de lo que sea el éxito para cada uno.*

–Tú no puedes ir en contra de las obligaciones.

–*Yo creo que tú eres el menos indicado para pensar eso, pues dejaste tu trabajo de años porque te cansaron las obligaciones y ahora que no las tienes vives feliz, entonces se puede ser feliz sin seguir reglas.*

–¡Pero yo no soy un irresponsable!

–*Pues, quizá no para ti, pero para el resto de la gente que te conoce sí lo eres.*

–Entonces ¿quién tendrá la razón?

–La vida, los resultados que obtendrás.

¿Quieres saber si eres responsable con tu vida y la de los demás? Cuando tienes mucha gente que te quiere eso demuestra que has sido cuidadoso y responsable con ellos. Por consecuencia, ellos confían y te siguen. Una madre o un padre irresponsable con su familia siempre termina solo.

Cuando una persona no tiene amigos, es resultado de su falta de formalidad, por su poca palabra.

–¿Pero si no tiene pareja?

–Eso es diferente.

–¿Eso te dijeron tus maestros cuando estuviste enfermo?

–Sí. Que la pareja era parte del karma y las acciones de tus antepasados.

Que existe un libro de cuentas invisibles como si fuera de contabilidad donde la vida te suma y te resta acciones buenas y malas y eso forma una cuenta del deber y el haber.

Que en la prosperidad no existe cuenta del deber y el haber.

Sólo en el amor las cuentas del dar no responden a las del recibir. Esa contabilidad celestial viene bastante rara.

–Por eso será que a mí se me hizo tan complicado, ¡ja, ja, ja!

–Pero, para de reírte que yo ya estoy nervioso, con muchas ganas de irme —dijo Damián, un poco molesto, pues sentía que su amigo no le prestaba la suficiente atención que merecía el relato.

–Sí, a mí también me preocupa Camila, debe estar desesperada —dijo Agustín—; a lo mejor esto es normal; no seremos los únicos que les pasa esto. Quizá sea como una cámara escondida.

–¡Ya deja de hacer chistes de mal gusto!

–Fíjate si no hay alguna herramienta para poder romper

la cerradura, quizá un martillo, o un palo, o estaca —dijo Agustín—; entre los dos algo podremos hacer para salir.

–¿Pero te parece bien romper algo que no es nuestro? —comentó Damián.

–Bueno, pero también la libertad es nuestra y este lugar nos la arrebató con total naturalidad. Fíjate si puedes hacer palanca con algo, sin duda tiene que haber algo bueno que tenga fuerza para romper la puerta —agregó Agustín—; no dudes en tomar lo que sea. Porque no veo nada que pueda ser fuerte, sólo ese lindo dios que es de hierro.

–¡Ni se te ocurra! Eso no lo podemos hacer.

–¡Que no! —dijo, Agustín, y tomó al dios y lo golpeó contra la puerta una y otra vez. Pero no se pudo abrir.

Nada dio resultado, así que decidieron esperar a que llegara la mañana, pues por lógica alguien entraría y los sacaría con la misma naturalidad que como entraron.

De pronto, sintieron hambre y decidieron ir nuevamente a buscar algo para comer y encontraron una alacena repleta de cosas ricas: galletas, cacahuates, nueces y naranjas.

"¡Qué bueno que todo está confortable!", pensó Agustín.

No se hizo mucho problema sobre el encierro, sin embargo, le preocupaba no tener cerca a Camila. Encontró un teléfono pero no tenía ni idea cómo se llamaba al exterior. Buscó en su bolsillo unos números de teléfono y sólo encontró unos papeles viejos y una foto que le había sobrado del día que venía de renovar su pasaporte.

Damián estaba tan acostumbrado a rezar y trabajar sobre la paciencia que no dudó en estar atento a lo que sentía.

Admiró cada lugar del templo, los grandes ornamentos de la construcción. Fue feliz al sentirse en un lugar consagrado.

A él no le importaba que no pudiera salir, pues muchas

veces se había encontrado encerrado teniendo toda la libertad del mundo. Se recostó en un almohadón y se durmió como un bebé.

En cambio, Agustín no paró de insultar contra la puerta que se cerró. Le dio tanta pena dejar a Camila que juró pedirle que se fueran de la India apenas saliera del lugar. Ni siquiera pudo convivir con ella.

Ella no sospechaba que él estuviera pasando por tan malos momentos.

El amanecer los sorprendió con los cantos de unos gallos que estaban en un terreno al lado del templo. Los muchachos miraron el reloj y esperaron que se acercara el mediodía para irse de ahí, pues se supone que un templo no se le deja solo por tanto tiempo.

Pero se equivocaron, pues nadie apareció. Todo el día esperaron, ilusionados, pero no hubo nada parecido a escuchar una puerta que se abriera.

–Esto no puede ser —dijo Agustín—, se me hace muy raro que no venga nadie. Vamos a volver a golpear la puerta, a lo mejor ahora que estamos más descansados tenemos más fuerza para empujar y romper la puerta.

–*Como tú digas, mi querido Agustín, pero en mi religión decimos que lo que está sucediendo es obra de nuestro guía y no parte de lo que queremos. Debemos tener mucha paciencia con la vida, pues Buda decía que la vida es sufrimiento.*

–Sí y también la vida está llena de gente estúpida que entra donde no la llaman.

–*Bueno, eso no lo dice mi religión. No existen personas estúpidas, ni karmas tontos.*

Yohana García

–¿Y cómo se le llama a quedarse encerrado en un templo esperando que alguien venga a sacarnos del encierro?

–*Pues no lo sé, pero si quieres, cuando salgas te enseño algo de budismo y esto lo podremos discutir más adelante.*

Agustín se dispuso a comer su cuarta naranja.

Damián le iba a hacer una broma de mal gusto, pero decidió callarse.

Agustín pensó en todas las formas de escaparse que pasaron por su cabeza, pero ninguna funcionó. Hasta que se cansó y se relajó. Esperaron la tarde, la noche y otra vez se quedaron dormidos. Esta vez un poco molestos por la situación. Y las noches se fueron repitiendo. Así pasaron cuatro días encerrados.

Al tercer día, Agustín amaneció con los ojos hinchados, pues había llorado toda la noche.

Damián estaba fresco como una lechuga.

–**¿Por qué tú no sufres como yo?** —le preguntó Agustín a Damián.

Y Damián, con la paciencia que lo caracterizaba, le contestó:

–*Porque yo ya aprendí a no pasar todo por el cuerpo. Porque después de haber sufrido dos tremendas enfermedades, después de estar cuarenta días en terapia intensiva, después de tener que morir para vivir, todo me parece una bendición. Hasta encerrarme contigo, y mira que eso es demasiado para mí.*

Agustín se empezó a reír por la cara de molestia de su querido amigo.

–*Porque donde me pongas estoy feliz, feliz de estar en este mundo, de ver, de tocar, de oler. Feliz de vivir, no importa si en los veinticinco años que tengo no haya tenido un amor. O que no tenga trabajo, ni casa, ni nada. Mira esa gente* —exclamó Damián asomándose por una ventana que, por supuesto, no se veía y no se escuchaba desde afuera—; *ves toda esa gente sin dinero y sin profesión, mira cómo se ríen, mira cómo festejan.*

La felicidad es un estado de ánimo, nunca es un estado permanente, es un don y para tenerlo se debe haber padecido algunas cosas.

Tú no entras al camino espiritual porque las fichas del juego de tu vida se están moviendo para bien, se entra cuando las carencias afectivas son muchas y no hay forma de ir hacia atrás para sanarlas.

Entonces vamos hacia delante a dar lo que no nos dieron.

—Eso que dices no lo entiendo, ¿podrías explicármelo?

—*Si tú hicieras una lista de lo que te dio tu familia en tu infancia y de lo que no te dieron, te darías cuenta de que lo que no te dieron es lo que sales a buscar y lo que no te dieron es lo que sales a dar. Si no te escucharon, escucharás, si no te abrazaron te abrazarán.*

Cuantas más carencias tengan las personas estando en un camino espiritual mejor brindarán su amor a los demás. ¿Ves?, ser carente tiene sus cosas buenas.

Estos niños índigo tienen muchas carencias afectivas, y entonces ellos vendrán a dar lo que el mundo no les dio. Ellos moverán montañas para los que no tengan fe.

—¿Pero, de qué montañas me hablas si no tienen fuerzas para mover un dedo?

—*Bueno, quizá no tengan fuerzas físicas pero sí tienen fuerzas espirituales y éstas serán las que se necesiten para vivir en plenitud y en amor.*

—¿Y qué más te dijeron en el cielo? ¿No preguntaste adónde van los malos, los que matan, los que secuestran?

—*Es que ahí entiendes muchas cosas, créeme que muchas. Comprendes las buenas y las malas, que los planes divinos a veces parecen macabros, pero todo tiene explicaciones.*

—¿Y cómo le haces para recordar todo?

–*No recuerdo todo; algunas cosas, las que no recuerdo, no las puedo contar, no puedo inventarte, yo nunca lo haría.*

–Sí, lo sé o me lo imagino. Por eso Camila te quiere tanto. Me pregunto si nos seguirá queriendo después de este autosecuestro.

Damián comentó que los afectos verdaderos siempre sobreviven; pase lo que pase, nunca se pierden.

Y pasaron más días encerrados entre momentos de desesperación en los que querían salir del recinto y momentos de calma. Durante estos últimos surgían pensamientos y conversaciones profundas.

En esos días Agustín habló con Damián de cómo se había enamorado platónicamente de Camila, de cuánto lo atraía, a pesar de haberse visto unos pocos minutos en un aeropuerto y de todas las esperanzas que tenía para con ella.

En cambio, Damián sólo le contó un plan, el de querer ayudar a la gente, el de querer ser un ejemplo de vida.

–*Dejar semilla* —dijo.

–**¿Dejar semilla? ¿De qué hablas?** —le dijo Agustín.

–*Dejar huella, no solamente tener hijos. Es algo más.*

–Hablando de dejar huella, quería preguntarte algo. ¿Tú no viste anoche un anciano entrar por la puerta de la habitación con una lámpara encendida en su mano?

–*¿Tú también lo viste? Es que pensé que era producto de mi imaginación.*

–Pues no, porque además yo lo vi las noches que estuvimos aquí. Parecía un duende pero la verdad no creo que existan.

¿Quién será? Yo lo vi atravesar la puerta. ¿No podríamos pedirle ayuda?

–*Bueno, tampoco es tan normal que veas espíritus como si fueran visitas de todos los días.*

–Estoy desesperado, Damián, de verdad quiero decirte que me siento mal, angustiado, preocupado. Si morimos así. ¡Qué triste!

–*No, ¿por qué triste? Morirse en un templo sagrado conversando con tu mejor amigo no es tan malo.*

–Bueno, eso no es malo a los noventa, pero a los veinte o a los treinta sí es feo.

–*Pero si te encuentras a Dios es maravilloso.*

–Es que yo no quiero encontrarme a Dios, quiero encontrarme a Camila.

–*Entonces, dime, ¿qué quieres que haga? La ventana no se abre, los gritos nadie los escucha, al templo nadie viene y no tenemos más elementos para tratar de romper nada.*

–Dime tú qué hacemos y yo lo hago.

–*¡Pues recemos!* —dijo Damián, entusiasmado.

–No me hagas reír.

–*Pues si quieres probar el poder de la oración, aquí tienes una gran oportunidad.*

–No quiero rezar, estoy enojado con Dios.

–*¿Pero, por qué?*

–Porque todo me sale mal, porque después de encontrar el amor de mi vida, todos son obstáculos, parece que estoy meado por un elefante.

–*¡Ja, ja, ja!, ahora sí me hiciste reír, nunca había escuchado semejante cosa.*

¿Pero, por qué dices eso de la mala suerte? Si todavía esta historia de amor no ha terminado.

–Bueno, pero si sigue así terminará a las patadas. Imagínate dejar a tu futura novia cuatro días sola.

–*Pero no es una fatalidad, podría ser peor, podrías estar tirado en la cama de un hospital, o muerto.*

–¿No dices que estar muerto es una maravilla? A lo mejor estaría más contento.

–*Seguramente sí, pero contento y feliz está el que se muere porque así Dios lo quiso y no el que sólo se quiere morir.*

–Me vas a decir que viste castigados a los que se suicidaron; me imagino que ésas son decisiones antes de nacer.

–*De eso no quiero hablar.*

–No seas cobarde.

–*No me ofendas.*

–Tú me ofendiste diciéndome hipócrita.

–¡Pero la verdad no ofende!

–Sí ofende cuando no estás preparado para escucharla.

De pronto, en medio de la conversación se escuchó un ruido de llaves, y la puerta del templo se abrió. Los dos muchachos corrieron a acomodar al dios de hierro con el que habían querido abrir la puerta.

Apenas les dio tiempo para ponerlo en el mismo lugar donde lo habían encontrado.

–*¿Pero, quiénes son ustedes?* —preguntó un señor que venía con su hijo pequeño tomado de su pantalón.

–Es que déjeme explicarle —dijo Agustín—, **nos quedamos encerrados y no pudimos salir.**

–*Pues entonces salgan, ¿qué esperan?*

–*Es que queremos reponerle de algún modo la comida que consumimos* —dijo Damián.

–*No se preocupen, eso es regalo de la casa.*

–*También queremos contarle que vimos un señor caminando con una lámpara en la mano, no sabemos quién es, pero creo que no estamos solos.*

–*Mire* —dijo el extraño—, *según nuestra religión nunca estamos solos, ni siquiera cuando lo estamos. Aquí se acostumbra a no temerle a nada, así que tampoco hay que temerle a los espíritus.*

Así que el viejito de la lámpara quizá era un centinela del lugar. No se preocupen, que nada malo puede haber en este espacio.

¡Y ya váyanse, pues no creo que tengan ganas de seguir aquí!

Y los dos se miraron y se regocijaron de ver la ciudad llena de ruidos y de tierra roja volando por doquier.

Corrieron, casi volaron, para ir a tocarle la puerta a Camila, pero ella estaba camino al aeropuerto.

V

El maestro aparece cuando el alumno está preparado

Y no siempre lo está, sin embargo, la luz del amor busca que el maestro se acerque a quien lo debería amar. Porque en el interior siempre estará la verdad y un maestro sabe mostrar el camino donde el corazón guarda todas las respuestas.

Agustín hubiera querido tener el valor de los protagonistas de las películas, en las que van corriendo camino al aeropuerto y llegan cuando el avión está a punto de despegar. Momento en el que todos se abrazan y van felices hacia el altar.

Pero la realidad es otra, a lo mejor no es tan fantasiosa, y no es tan agradable como en las películas. El aeropuerto quedaba a más de dos horas de viaje, la carretera era estresante y había cambiado de día el regreso.

Buscó unas rupias y un teléfono para avisarle a su familia el malentendido entre Camila y él. Pero no encontró ninguno a mano dentro de la ciudad.

Agustín lloraba sin querer y sus lágrimas se convirtieron en un llanto intenso, como el de un niño chiquito.

Damián no sabía cómo consolar a su amigo, pero con su trato afectuoso ya hacía bastante. Rezaba su plegaria sagrada y le pedía a Buda que le diera el entendimiento para reconocer que lo que tenía que suceder, sucedería.

Damián le sugirió que esperara al día siguiente a que alguno de los servidores del maestro le prestara un teléfono.

–Este lugar es una porquería —exclamó Agustín—, ¡jamás regresaré! Todos están locos y el maestro también. Tendría que haberme quedado en mi casa con mi mujer y mis niñas, con un trabajo que no me gustaba y todo esto no hubiera pasado.

–*¡Pero no hubieras conocido a Camila!*

–¿Pero para qué conocerla si después la iba a perder?

Damián se calló y los dos caminaron en silencio por las calles de la ciudad. Cuando se acercaron al árbol de los deseos tomó un papel y le dio un lápiz para que escribiera.

–*Pon tu deseo, yo te ayudaré a colgarlo del árbol* —dijo Damián.

Esta vez, sin burlarse o reírse de él, como solía hacerlo cuando le hablaba de milagros, Agustín escribió en el papel sin hacer juicios y se lo dio a su querido amigo. Luego se sentó en posición de loto, se acomodó su punjabi blanco y se dispuso a meditar.

Damián cantaba al lado del árbol de los deseos y algunas muchachas extranjeras lo acompañaron entusiasmadas por la dulzura del muchacho. Agustín estaba sentado junto al árbol, mirando cómo colgaban los papeles de los deseos, y como todos sus pensamientos eran negativos se rio de la confianza de los devotos; él pensó que ese espectáculo era sólo producto de la ignorancia, incluyendo a ese maestro que todos veneraban y que a él no le había solucionado nada.

Por primera vez sintió la necesidad de quedarse un rato meditando y, en cuanto cerró sus ojos, hizo unas cuantas respiraciones y visualizó la llama de una vela; sintió irse como en un viaje que no tendría fin. Primero alcanzó la relajación total y luego sintió que su temperatura bajaba y que su respiración se tornaba más y más lenta, hasta que una mano caliente como el fuego le tocó el hombro. Al abrir los ojos vio parado enfrente al maestro que había ido a ver con Camila. El maestro, sonriéndole tiernamente, le dijo:

–*Ven muchacho, es hora de despertar a la gran verdad, no te quedes solo aquí, tenemos mucho por hablar.*

Agustín se sobresaltó y se emocionó, sabía que esto era todo un privilegio, que incluso creía no merecer. Al pararse respondió:

–Sí, maestro, con todo gusto lo acompaño.

El maestro caminó lento al lado de él y le empezó a hablar. Le dijo que no se podía ser tan incrédulo y desconfiado con el tema de la fe, que ninguna persona tenía derecho a serlo cuando el acto de estar en el vientre de la madre y el atravesar un canal de parto ya era un milagro de fe inmensa.

Agustín quería hablarle de lo que le estaba pasando con Camila y de la angustia que sentía al no tenerla a su lado, pero el maestro, que leía la mente con total claridad, prometió darle una respuesta cuando él estuviera preparado.

El avatar decidió hablarle para no dejarlo con tanta angustia y le dijo:

–*El maestro siempre llega cuando el alumno está preparado. Si no lo está no podría llegar jamás. El dinero llega cuando la persona lo quiere. El amor llega cuando se está dispuesto a compartir. Si no, no llega nada; la lluvia llega cuando las nubes sostuvieron el calor del lugar. Siempre para recibir hay que dar, todo es un intercambio.*

Pero Agustín no estaba muy de acuerdo con esa idea, pues él creía que ya había dado todo y que nadie de los que él quería le había dado nada.

El maestro le dijo:

–*Deja de estar en tu pensamiento interno y sal de esa mente loca para observar el afuera. Observa la ciudad, los colores, la*

Yohana García

gente, los aromas, el clima y la energía de este lugar. ¡Nunca volverás a sentir algo así! Disfruta el presente, el futuro llega solo y no siempre como lo esperas.

Mientras el maestro caminaba con él, saludaba con una mano a toda la gente que lo veía pasar. Mostraba la palma de la mano como una prueba de que les mandaba todo su amor a esos alegres devotos.

Entraron juntos al comedor y Agustín eligió su comida, mientras el maestro se sirvió una taza de arroz con leche.

–¿Gustas? —preguntó el maestro.

–Sí, me encanta —exclamó Agustín, pues era su postre preferido cuando era niño.

Los dos se sentaron junto a la mesa y el maestro pudo ver el rostro triste de Agustín. Y riéndose le dijo:

–Mira que eres extremista, todas las personas lo son. ¡A todo le tienen miedo! Le tienen miedo a enfermarse, a la traición, a la mentira. ¿Sabes?, todo pasa y al final lo único que cada persona tiene que aprovechar es lo que está haciendo con su tiempo. Tú tienes que valorar tu tiempo porque de verdad es oro. Y no tienes que permitir que nada, ni nadie, te quite tu tiempo porque quien te haga perder tiempo estará matando una parte de tu vida.

La gente mayor es la única que se da cuenta quién le ha hecho perder tiempo cuando mira hacia atrás y visualiza su pasado.

La vida tiene paladas de cal y paladas de arena; las de cal se consideran malas y las de arenas buenas, pero los dos elementos son indispensables para construir y ambos se turnan para equilibrar las virtudes y pesares de la vida.

Unas veces son sólo cucharadas de cal que pueden ser las que no te gustan y, sin embargo, el día que menos lo pienses vendrán las paladas de arena y éstas cubrirán tu vida de playas y vacaciones maravillosas.

No puedes estar triste, lo único que tienes son tus pensamientos negativos, pues tu realidad no es mala. Tienes una maravillosa familia, una madre encantadora y una muchacha que te ha deslumbrado.

Yo sé que algo bueno vienes a hacer aquí, si me dejas mostrarte tu camino y cambiarte la vida.

Agustín se sintió encantado al pensar que alguien podía cambiarle la vida, y con mucho entusiasmo le preguntó al maestro:

–¿Maestro, cómo puede cambiarme la vida así tan fácilmente?

–*Quédate a trabajar conmigo.*

–¡No! —dijo Agustín—, ¡eso es imposible! Tengo que regresar pronto a mi casa, creo que nos iremos mañana mismo.

–*Pues ya quedó, entonces te vas y luego regresas.*

–No, maestro. ¡No regresaré!

El maestro sonrió, pues tenía muy claro que lo que estaba escrito no podría cambiarse.

Agustín se comió la última cucharada de arroz algo apurado y se levantó para irse. Pero para sorpresa de él su maestro no se paró, así que se volvió a sentar.

Empezó a pensar por qué le había hecho ese comentario el maestro, así que intrigado le preguntó:

–¿Usted cree que mi camino está aquí?

–*Yo creo que cuando buscas un camino nadie te lo indica. Te lo dicen y te lo muestran las circunstancias. Tu guía interno es el único que puede mostrarte dónde está. Yo no puedo responderte, pero ya te lo pregunté y en las preguntas están las respuestas. Ahora sé íntegro con lo que me dirás.*

–Es que no sé qué decidir, no estoy seguro, ésta es una decisión difícil.

–*¿Difícil por qué?* —preguntó el maestro, asombrado.

–Porque es un compromiso.

–*¿Y si fuera tu misión, y si no estás feliz porque tu misión es ayudar aquí a la gente? Tú no sabes lo que se siente cuando se ayuda, cuando le cambias la vida a los demás. Cuando su vida es un antes y un después de conocerte. Cuando eres un parteaguas con sus propósitos de vida.*

Los grandes maestros no tienen apegos, no sufren por si tienen, o no, pareja o familia, por si son ricos o son pobres, ellos aprendieron el desapego y sólo deciden ayudar. Y son felices con lo que otros serían los más infelices del mundo.

Piénsalo y no te sientas agobiado por mi propuesta, créeme que cualquiera de mis devotos moriría de envidia en tu lugar, pues la envidia es un sentimiento muy común entre los adeptos y el que enseña todo lo contrario sabe que es un paradigma más con el que tiene que luchar.

Agustín le prometió pensarlo y su corazón latía de alegría, pues sabía que éste era su lugar. El maestro le mostró el camino a su edificio donde estaba su habitación adonde llegó muy contento a saludar a Damián. Pero su amigo estaba durmiendo, entonces esperó a que despertara.

En esos minutos vino a su mente un torbellino de preguntas sin responder. Tuvo miedo a perder afectos, pensó en el desencuentro tan triste con Camila y decidió irse.

Cuando Damián despertó, él ya había hecho su maleta para no quedarse ni un minuto más en el Ashram.

Damián, que estaba acostumbrado a las desavenencias y sorpresas de la vida, no se asombró de ver a su nuevo amigo tan desesperado, así que mirándolo fijamente le dijo:

–*¿Te largas de aquí? ¿Y por qué ese apuro? ¿Por Camila?*

–No lo sé; el maestro me ha propuesto que me quede

aquí a trabajar con él y a mí me da pánico estar lejos de mis seres queridos, pienso en el hecho de dejar toda mi vida y afectos que con tanto esfuerzo conseguí. No creo que la solución sea dejar todo para poder apoyar a gente que no conozco; hasta mi madre estaría de acuerdo con lo que estoy diciendo.

–*Y no la has llamado, ¿por qué no le comentas? A lo mejor te da un buen consejo, las madres son expertas en eso.*

–Tienes razón. Iré a la ciudad y buscaré dónde llamar, aunque no vi ningún teléfono público.

–*Yo sí vi uno en la recepción de la ciudad, si quieres te acompaño.*

–Te lo agradecería mucho, pues no tengo ganas de escuchar solo los regaños de mi madre y pienso también que Camila no querrá escucharme. Hoy el teléfono me da miedo.

–*No digas eso. ¡A ti no te dan miedo las reacciones de ellas, a ti te da miedo vivir! ¡Ja, ja!* —se rio Damián.

Los dos se calzaron los zapatos y se fueron a la ciudad. Hacía calor, no corría una brizna de aire y parecía que iba a llover, las moscas estaban molestas y los aromas a especias se habían intensificado.

Los ruidos estaban más fastidiosos que nunca, así que con paciencia buscaron un teléfono y pidieron permiso para usarlo a cambio de unas cuantas rupias.

Agustín marcó a su madre; dejaría al último la llamada a Camila.

El teléfono sonó muy pocas veces, hasta que alguien lo atendió y, de pronto, Agustín escuchó la voz de su amada madre.

–Hola, mamá, ¿cómo estás? Necesito hablar contigo.

Entonces le contó lo que le había pasado con Camila, lo que le había propuesto el maestro y las ganas que tenía de irse.

Así que esperando la bendición de su madre para marcharse se encontró con la respuesta más loca de su vida: su madre le dijo que se quedara, casi le rogó que lo hiciera por ella.

Le advirtió que el camino de ayuda lo haría salirse de esa depresión en la que siempre estuvo sumergido. Le manifestó que sus hijas estaban bien y que Camila quizá no era la mujer de su vida, pues ella consideraba que lo que nacía con inconvenientes era lo que nunca prosperaría.

Le contó de lo mal que estaba el país para conseguir trabajo y que la gente lo necesitaba allí.

Él colgó el teléfono y se alegró por el cambio positivo que había ocurrido en la actitud de su madre. Luego llamó a Camila y ella lo atendió muy seria. Él le contó todo lo que había pasado, ella lo entendió y lo perdonó por abandonarla sin querer. Entonces él se sintió perdonado y fue feliz, volvió a tener todas las ilusiones del mundo. Pero ella terminó la conversación diciéndole que estaba dispuesta a entablar una hermosa amistad, pero que ésta debía comenzar más adelante, ahora se sentía frustrada y no sentía ganas de tenerlo cerca.

Le dijo varias veces que necesitaba tiempo para poder digerir todo el mal rato que ambos habían pasado, que para ella había sido muy triste regresarse sola y no saber qué les había ocurrido. Que no quería saber nada sobre maestros espirituales que en vez de cumplir deseos los alejaban. Y con un nudo en la garganta le pidió permiso para terminar la conversación. Así que Agustín, muy apenado, le mandó un beso y un abrazo. Los dos cortaron la llamada al mismo tiempo.

Agustín decidió quedarse a vivir con el maestro y Damián, a quien todo le venía de maravilla, dijo querer acompañarlo. Buscaron la forma de encontrar algún secretario del avatar para anunciarle que habían cambiado de idea, que ya no se irían del lugar, pero en ese momento no hubo forma de encontrar a nadie.

Pasaron caminando por donde estaba un camión que vendía aguas de coco y se tomaron una como si fuera la pócima más agradable para quitar las penas.

Damián se rio al ver la cara de espanto de Agustín al considerar cómo sería vivir en la ciudad del avatar y le dijo con ironía:

–*¡Aquí hay chicas muy guapas, quizá tengamos suerte!*

Los dos se rieron y se abrazaron mostrándose el gran cariño que empezaban a tenerse mutuamente. Al otro día fueron al Ashram.

Agustín tenía la cara y el cuerpo cubierto por un acné medio raro. Se asustó y le preguntó a Damián si tenía idea dónde habría un médico.

Damián lo miró y le dijo que cuando una persona sentía una gran falta de amor se enfermaba de enojo. Que eso era producto de una purificación del lugar, que él sabía que mucha gente que entraba a la ciudad tenía purificaciones diferentes: algunos sufrían trastornos en la piel, otros tenían fiebre o gripe.

Le aconsejó que no le hiciera caso, que se concentrara en la meditación que tendrían en algunos minutos y que no se levantara bruscamente, pues debían estar quietos una vez que hubieran terminado de meditar.

Los dos se sentaron a esperar a que sortearan las filas, después de lo cual a ellos les tocó la primera fila. Eso era una bendición ya que no era fácil correr con tanta suerte.

Estando en la primera fila pudieron ver cómo entraba el maestro sonriendo y haciendo algunas señas con sus manos.

El avatar se acercó a Agustín y al mirarlo le preguntó:

–*¿Estás preparado?*

Agustín asintió con la cabeza y el avatar se volvió a alejar.

Cuando recorrió las filas haciendo materializaciones y dando bendiciones se sentó en su trono especial diseñado para la ocasión y luego de mirar a los ojos a todo el público comenzó a hablar:

–*Queridos alumnos, quiero decirles algo que para mí es muy importante que sepan. Hace años que ustedes vienen buscando su misión y como buenos buscadores no encuentran nada. Sólo encuentran incertidumbres.*

Hace tiempo que se sienten incómodos con las circunstancias que viven en sus casas y tomaron la costumbre de quejarse todo, todo el tiempo. Buscan problemas donde no hay más solución que saber esperar. Mucha gente se desespera porque no sabe qué hacer con su mientras tanto.

El tiempo todo lo acomoda y todo lo encuentra, no importa cuánto se busque, lo que importa es que al buscar sean curiosos como un niño chiquito, que no pierdan la cualidad del asombro.

La vida es como una rueda de la fortuna, a veces gira sin problemas, otras veces se detiene y queda suspendida mientras parece querer irse para atrás.

No siempre es fácil esperar cuando se tiene la vida hecha un caos, cuando se ha esperado años y años, cuando se ha hecho de todo para mejorar y no se ven resultados.

Yo los entiendo, entiendo sus frustraciones y sus miedos. Puedo sentir sus dolores cuando viven un desamor constante. Cuando el amor no responde, cuando el trabajo no genera dinero, cuando los hijos no vienen.

Puedo ver sus caras de preocupación ante un futuro incierto y sombrío. Pero yo tengo algo interesante que decirles, que su alma ya sabe: apaguen la marcha hacia donde no saben qué habrá, apliquen sus frenos y hagan una pausa.

No crean que deberán buscar por mucho tiempo para que las cosas que desean aparezcan. Relájense, que no todo es tan complicado. Lo complicado es que aprendan a soltar sus frustraciones y las sensaciones que carecen de sentido para ser felices.

Si en sus vidas sienten que no aparece lo que desean, y piensan que es porque no se lo merecen o porque es karmático, están equivocados y quien está equivocado busca en el lugar erróneo. Agréguenle colores a su paleta de la vida, den unos pasos hacia atrás y obsérvenla, como hacen los pintores que contemplan y estudian su cuadro. Dando unos pasos hacia atrás se pueden ver los defectos de la pintura. Dónde tiene más colores, dónde están los lugares sin pintura o sin vida.

Para observarse no hay nada mejor que alejarse por un momento de sus propias decisiones. En este mismo momento ustedes lo están haciendo, pues dejaron sus casas para venir a verme. Ahora están como un pintor, retrocediendo unos pasos para ver en diferentes perspectivas su vida. Así podrán encontrar soluciones plenas a lo que tanto les preocupa.

Deben dar pasos hacia atrás frente a sus lienzos para luego terminar la obra con la seguridad de que no falta ningún color.

Si el amor de pareja no fluye den unos pasos hacia atrás y observen qué estuvieron temiendo. Recuerden qué temían cuando empezaban una relación de pareja y verán que como profecía autocumplida se ha realizado ese miedo.

Pinta en tu cuadro una nueva pareja, pinta en tu tela una casa nueva, dinero, fe, esperanza y cada tanto aléjate para ver qué estás haciendo de tu vida.

Las paletas a veces no tienen la suficiente pintura como para utilizar todos los colores necesarios para lograr una vista esplendorosa. Porque a veces ni tiempo hay para observar sus vidas y eso es malo. Entonces los colores tendrán que ponérselos con el corazón.

Ustedes son expertos en vivir los comienzos de sus aventuras con entusiasmo y luego se desilusionan con la misma facilidad que se ilusionaron y luego, para disfrutar, siempre pondrán un pero para no poder, un pero para irse y dejar la paleta sin colores y el lienzo pintado a la mitad.

Muchas veces la vida parece insulsa, insípida e incolora, pues esas propiedades, como las del agua, muchas veces pueden ser verdaderas. Hay personas que esos colores pálidos les duran toda la vida porque no se toman el trabajo de querer crecer y arriesgarse a que les vaya bien.

Muchos padres les hacen creer a sus hijos que son unos inútiles y que hacen todo mal y cuando esos niños se hacen grandes les cuesta mucho crecer, les cuesta tener disciplina, herramienta precisa para triunfar.

Los padres hacen mucho daño siempre inconscientemente, por más que quieran hacer las cosas bien, pero así es la vida, llena de amores que se equivocan.

Y ustedes que al escuchar estas palabras asienten con su cabeza, lamento decirles que ustedes también se equivocarán. Y esto pasará de generación en generación porque el trabajo del ser humano siempre es mejorar.

Aunque no lo crean estos tiempos son de cambios positivos, de luz, de esperanza.

Ustedes escuchan hablar del fin del mundo, de catástrofes y de cosas malas.

Ustedes no tienen que tomarse ningún maltrato como algo personal, pues las reacciones de las personas muchas veces dependen de su propia ansiedad. Hay personas a las que se les muere gente dentro de su corazón. No hace falta que se mueran físicamente, la gente se puede morir dentro de cada uno de ustedes cuando los desilusionan o cuando les mienten.

Hay personas que son verdaderos cementerios ambulantes. Quizá el sobrepeso de estas personas es la pesadumbre de las desilusiones.

Hay personas expertas en enterrar sentimientos y no demostrarlos y otros son especialistas en incinerar esperanzas, incluso las queman antes de que éstas vuelvan a renacer.

La luz que tiene el planeta en estos momentos es inmensa y los colores que emanan las almas de ustedes tienen colores maravillosos y esto muestra cómo vibran en sintonía con el universo.

Lamento decirles que para los pesimistas nunca llegarán los buenos momentos aunque éstos choquen con sus narices.

Tenemos que enseñarles a las personas que busquen el amor adentro y afuera, y si no lo encuentran afuera entonces que se sumerjan en el del corazón y vuelvan a confiar en que no siempre lo malo se queda por mucho tiempo. Quiero pedirles la acción del amor, de la compasión y de la ayuda, pues lo único que deja huella en las personas es el apoyo mutuo.

Trabajen rápidamente, que lo único que no ha cambiado es la tiranía del tiempo, no lo pierdan, es lo que les dará la posibilidad de hacer grandes cambios en las personas que anhelan crecer.

Agustín y Damián se quedaron hasta que todos se fueron y tuvieron la esperanza de que el maestro saliera para indicarles cómo sería su nuevo trabajo, pero las cosas no se dieron como lo esperaban, así que se levantaron y se fueron a sus habitaciones.

VI

La verdad siempre saldrá a la luz

La oscuridad no puede
expulsar a la oscuridad.
Sólo la luz puede hacerlo.
El odio no puede expulsar al odio,
sólo el amor puede hacerlo.

MARTIN LUTHER KING

Los opuestos complementarios son
fáciles de combinar cuando en vez
de compararlos los veo como par-
tes de una gran unidad.

En medio de la noche, precisamente a las tres de la mañana, Agustín sintió una mano en su hombro y no se equivocó, pues al abrir sus ojos vio al avatar que lo miraba amorosamente. De seguro había entrado por algún lugar distinto a la puerta, pues estaba cerrada. Él le dijo:

—*Sé que estás preparado, hoy quiero verte en mi casa a las diez en punto de la mañana, una hora antes de que yo vaya a retirar las cartas de la gente al Ashram. Arreglaremos tu estadía aquí, puedes quedarte en la misma habitación con tu amigo. Quiero que seas mi mano derecha.*

Agustín asintió con la cabeza, tenía la sensación de estar soñando aún, pero sabía que no podía ser así.

El maestro desapareció y Agustín se quedó dormido como un bebé. Al otro día, algo lo despertó. Damián ya no estaba, pues había ido a cantar el Om con todo el pueblo.

Agustín se bañó con agua helada y después de tiritar de frío se cambió. Se fue a buscar al avatar, dio algunas vueltas hasta encontrar su casa, pues su sentido de orientación no era el mejor.

Antes de tocar la puerta el maestro la abrió y le dio la bienvenida. Le ofreció una silla para que tomara asiento y se sentó frente a él. Le ofreció una taza de té de jazmines, la cual aceptó con mucho gusto.

–*¿Sabes?, me encantaría que me ayudaras a leer las cartas de los seguidores y devotos* —le dijo el maestro—. *Tú las lees, yo las contesto y tú escribes las respuestas.*

Agustín preguntó:

–¿Entonces tendré que mandarlas por correo o por mail a todos sus fieles?

–*Oh, no, nunca las mandarás.*

–¿Entonces para qué las debo contestar?

–*Luego te diré, ahora no preguntes, sólo haz lo que yo te indique y después te sentirás feliz. Todas estas cartas quiero que me las leas, aunque yo no esté.*

Agustín vio que había centenares de cartas.

–¿Pero cómo lo vamos a hacer?

–*Bueno, no te angusties, sacarás algunas al azar y ésas las leeremos.*

–Pero ¿y qué pasará con las demás?

–*Las meterás en una bolsa y las quemarás.*

–¿Y entonces a esa gente no se le cumplirán sus deseos?

—No puedo adelantarte nada, ahora sólo elige unas cinco, trabajaremos sólo con ésas.

Agustín, un poco temeroso por tanta responsabilidad, empezó a leer la primera carta y el maestro se sentó a su lado y escuchó atentamente el relato.

Querido maestro:
Le escribo porque me siento sola, no sé qué hacer.

Todos los hombres me parece que son iguales, el que no toma, es mujeriego o mentiroso o está viejo y el que está joven sólo quiere que lo mantenga.

Yo muero por tener alguien decente a mi lado pero parece que no existen en este planeta. Quiero pedirle que me dé la posibilidad de no irme de esta vida sin saber que el amor de verdad debe existir. Quiero terminar con este karma de soledad, pero tengo miedo que la persona que venga no sea buena como yo me lo merezco.

Gracias maestro.

Silvia

El maestro hizo una seña con la mano para que seleccionara otra, mientras decía:

—Escribe esto Agustín:

Silvia:
Nadie podrá hacerte daño cuando recuperes la confianza en ti. El mundo tiene mucha gente enferma todavía, no se trata de andar prejuzgando ni generalizando, pues los todos, no existen. Los casi todos tampoco.

Si quieres que haga un pequeño milagro y te haga aparecer el hombre de tu vida, entonces lo haré. Pero seguirás viéndole defectos, pues lo que quieras encontrar de malo en un ser humano lo hallarás sin problemas. Mucha gente tiene un don especial para descubrir defectos ajenos. Otros andan por la vida muy entretenidos con cosas triviales y no le prestan atención a las fallas ajenas.

Así que, mi querida devota, ser profundo y no ser criticón es difícil. Dios dice que serás juzgado con el mismo dedo con el que tú criticas. No mires los hombres enfermos, mira a los sanos. Ah, me imagino que dirás que los sanos están casados. Entonces no mires a los casados buenos, y a los solteros malos, mira a los solteros buenos y todo el mundo estará a tus pies. No es tan difícil, es cuestión de que cambies el ángulo de tu mirada. Confía en que alguien bueno vendrá a tu vida. Cuando más lo creas más llegarás a tenerlo en tus brazos.

Adiós.

Agustín terminó de escribir lo que le dictó el maestro, pues como tenía gran rapidez para teclear lograba concluir a los pocos segundos que surgía cada pensamiento.

–*No me mires así* —le dijo el avatar—, *¿por qué no crees en lo que digo?*

–Porque algunos como yo estamos cansados de esperar, y no creemos en eso de que algo bueno vendrá, hemos perdido la fe ciega en ese amor futuro. Ya no creo en almas gemelas, porque todas las que creí que podrían haberlo sido, terminaron siendo lo más lejano a mi otra mitad. Así que por las dudas, no confío.

–*¿No confías en qué?* —dijo el maestro—. *¿En mí? ¿O no confías en ti? Porque si se trata de no confiar en mí, no hay problema* —y con una sonrisa picara y guiñándole un ojo, se llevó más cartas a su regazo y con su túnica naranja se dejó flotar y se alejó.

Agustín lo miró, creyó recordar algo, pero no dudó en seguir con sus tareas. De pronto vio una carta con sobre de color amarillo que cayó al suelo. El maestro la levantó y le dijo:

–*Vamos, leamos la segunda.*

Agustín la abrió para ver de quién era, se estremeció al ver la letra de un niñito de apenas ocho años y comenzó a leerla.

Mi querido avatar:
No sé cómo llegará esta carta a tus manos, pero por si tienes muchas para responder yo te la mando de color. Espero que te guste el amarillo, a mí me encanta. Quiero contarte que estoy estudiando y no me gusta ir a la escuela. Me parece que la maestra está media loca, porque nos dice que tenemos que portarnos bien todo el tiempo y yo quiero preguntarte... ¿qué es portarse bien?

–**Qué buena pregunta** —dijo Agustín—. **Ni yo la sé...**
Miró al maestro y éste le dijo:

–*Portarse bien es relativo a todo. Sólo con el amor verdadero se pueden hacer bien las cosas. No tiene que ver con ir a la escuela, tiene que ver con ser noble, con ser un* SER HUMANO *con mayúsculas. Vamos, léeme otra.*

Maestro:
Falleció mi esposa y me ha dejado con un hijo discapacitado.
¿Usted cree que la vida puede ser justa?
Porque yo veo gente mala que se la pasa bien y gente buena que no tiene suerte.

El maestro le dijo a Agustín:

–*Te diré la verdad de la suerte. Lo malo, duro y triste que hoy te pasa, no es precisamente porque te lo merezcas, muchas veces ser demasiado confiado tiene malas consecuencias. Si eres una persona trabajadora y honesta y ves tu vida comparada con el que es deshonesto y vive bien, quizá te confundas. Te contaré un cuento:*

Había una vez un joven que estaba preguntándose lo mismo que este señor y fue a ver a un maestro. Cuando el maestro lo atendió, lo llevó a su ventana y le dijo: "Ven, acompáñame". Le mostró dos hierbas que estaban creciendo y le preguntó cuál le parecía más fuerte y el alumno dijo que sería la que viviera más tiempo, ésa sería la que podría darle más satisfacciones al sembrador.

Pero el maestro le dijo: "Obsérvalas bien. Una es alta y tiene mucho color y la otra tiene un tallo pequeño y no llama la atención". El alumno sin titubear dijo: "Ésa, la grande".

Y el maestro que sabía que iba a obtener esa respuesta esbozó una sonrisa un poco burlona y le dijo:

"Ésa es la respuesta de la mayoría de los alumnos, eso quiere decir que les falta tiempo para diferenciar la verdad de la mentira. La planta pequeña es la que tiene todas las bondades enunciadas anteriormente por ti. La grande es una hierba que no sirve para nada. Así es la verdad y la mentira, el poder y la pobreza. Primero se ve lo reluciente, y lo pequeño y humilde no se ve. Pero no te olvides que la vida da muchas vueltas y que el tallo pequeño siempre crecerá fuerte ante los ojos de quienes lo reconozcan".

Agustín amaba su trabajo, había encontrado lo que lo hacía feliz: ayudar. A él eso le llenaba el alma. Aunque esa dedicación requiriera de todo su tiempo. Aunque esta misión no le diera intimidad y no pudiera tener una vida normal. Pero sabía que él mismo no era ni normal, ni convencional. Así que no se podía quejar de tener una actividad atípica y extraordinaria.

Todas las mañanas se despertaba a las cuatro de la mañana y con un silbato llamaba a los asistentes del avatar. Los reunía para desayunar y luego cada uno se iba a realizar las tareas asignadas.

Nunca hacía calor por las mañanas, el clima siempre tenía una brisa agradable a esa hora. Su desayuno lo tomaba tranquilo disfrutando de la magia que tenía la vida al darle semejante bendición. Su trabajo era recoger las cartas y leérselas a manera de resumen al avatar.

El maestro decía necesitarlo, pero él sabía que su trabajo no era imprescindible, pues aquel hombre extraordinario no necesitaba saber qué decían las cartas, porque con sólo pasar su mano por encima de los sobres ya sabía cuál era su contenido. Pero quién sabe por qué el maestro quería que Agustín las leyera.

El maestro no hacía demasiados comentarios acerca de cada carta, parecía que nada lo asombraba. Pero algunas de ellas dejaban a Agustín con la boca abierta y otras le parecían tan triviales que era capaz de juzgar a la gente como frívola y superficial, aunque no le gustaba hacerlo porque sabía que no podía juzgar a nadie.

Un día, mientras intentaba terminar su plato de arroz con leche, vio pasar al avatar montado en su elefante, decidió salir corriendo para saludarlo. El maestro iba muy feliz al paso del paquidermo y ni siquiera lo vio.

Yohana García

Agustín recordó la cuenta pendiente y regresó corriendo para pagar su desayuno. Cuando se acercó a la caja pudo ver que encima de la mesa había un reloj que antes no estaba en ese lugar. Quizá hubiera podido decir que era el reloj que siempre había soñado tener. Sin embargo, éste tenía algo de especial, no tenía hora, ni minutos, ni segundos, sólo marcaba las 11 y 11, la misma hora en que salía su maestro a dar sus mensajes.

¿Pero para qué le hubiera servido un reloj como ése a esta altura de su vida? ¿Qué podría sorprenderlo?

Mientras reflexionaba y recordaba a su linda Camila, con algo de nostalgia, se preguntó qué sería lo que llegara a poner en órbita nuevamente su vida.

Él ya había logrado lo que quería, ya estaba donde algún día había soñado estar.

No tenía que dar explicaciones, ni amigo que lo extrañara, ni pareja que muriera por su amor.

Después de todo una persona que ya vivió no espera un nuevo amor que lo pueda sorprender, entonces para qué alterarse. Sin embargo, creyó darse cuenta de que lo único que podía sorprenderlo en la vida, más allá de tener un hijo o vivir un sueño, como sacarse la lotería, era, precisamente, encontrar un nuevo amor.

El ochenta por ciento de las cartas, por no decir el cien, trataban sobre un único problema: la poca comunicación entre las personas que se conocen. Todo esto superaba incluso los problemas de dinero, trabajo y salud.

"**Cómo estará el mundo que las personas andan tan desencontradas**", se dijo, mientras recogía las pocas monedas de su vuelto.

Al regresar a su habitación vio la carta del niño que le preguntaba al maestro qué era portarse bien.

De pronto, tocaron a su puerta, era el maestro. Éste le sonrió, y lo miró con sus ojos dulces y su cara de paz.

–*Hola, mi querido Agustín, ¿cómo vas?*

–Bien, maestro. Pase tome asiento, póngase cómodo. Debe de estar cansado al tener tanta gente esperando algo de usted.

–*No lo sé, pues ya estoy acostumbrado. No me acuerdo cómo era no tener a esta gente, esta gente es también mi vida. Las personas esperan un milagro, y yo a eso no le llamo así.*

Pero, bueno, ahí están como niños muertos de hambre estirando su mano y su cuerpo sediento de ilusiones que se materialicen, pero yo a eso le llamo la Necesidad y también la Necedad.

Agustín que, como siempre, estaba muy atento a lo que el maestro le contaba, preguntó:

–¿Cómo dice maestro? ¿Necesidad de qué?

–*De saber, de aprender, de conocer. Eso es querer un milagro, entender la vida. Una vida que es inentendible, injusta e ingrata para quienes no han despertado todavía. Y para quienes todavía no tienen por qué develar sus interrogantes. La vida no es fácil para nadie, hasta el que se va de vacaciones tiene que pasar alguna vicisitud, hasta la vida del turista a veces es complicada.*

Imagina qué puede decir alguien que no tiene para comer, o que no sabe qué hacer de su vida. La vida, mi querido Agustín, es eso incomprensible que deseamos tener eternamente y no queremos que se termine nunca. Es el don de tener a Dios en las entrañas como un embarazo. Es saber que éste es el único tiempo. Es reconocer la vibración del movimiento que te lleva a un futuro diferente. Todo es movimiento, por eso vive.

El día que veas a alguien que quiera quedarse dentro de su casa, sin amigos, sin forma de moverse demasiado entonces ese amigo, mi querido Agustín, empezará a agonizar.

Yohana García

No dejes que nadie esté mucho tiempo dentro de su casa, pues las casas agobian, quitan la energía. Que salgan, que hagan amigos, que se muevan. Pues ni Jesús, ni Buda, decidieron quedarse en su casa. Cuando más caminaban más predicaban, no sólo cuanto más lejos llegaban, sino también cuanto más alto se encontraban.

Cuando dejemos lo conocido para entrar al mundo desconocido de la espiritualidad estaremos más cerca de Dios, de ese Dios que nos ve y se muere de risa cuando nos observa serios, agobiados y estresados.

Tú me preguntas sobre mi vida de persona normal. Yo te pregunto: ¿y la tuya? ¿Por qué dejaste tu normalidad para venir aquí? Porque yo te invité, mas no te amenacé para que desearas hacerlo.

Tú nunca te has preguntado por qué mucha gente que fue normal, burguesa y hasta diría de muy bajo perfil, hizo un cambio radical de 180 grados.

–Creo que esa gente comenzó por tener curiosidad y luego el camino espiritual la atrapó.

–*Así es la vida de mucha gente que no sabe por qué la pusieron en el lugar de sanador, orador, o simplemente de samaritano. Es como una ley que no se transgrede, es algo mágico. Te toca o no te toca.*

–Pero alguien nos puso, quién puede ser sino Dios. Cómo rebelarme contra él.

–*Imposible rebelarte, por más que te quieras ir de narices, tu Dios te traerá al camino, tendrás que regresar tú solito a tu misión espiritual. Y una vez que estés en ese destino y te sientas parte de la normalidad de la gente, aunque no lo seas, entonces estarás integrado en este camino. Después de un tiempo a todo te acostumbras, y que no te asombre tener que sanar y ver milagros, o tener que apoyar y encontrar recursos para quienes te necesitan, todo pasa a ser normal. No te rías.*

–No me río —dijo Agustín—. Sólo esbocé una sonrisa.

–Y ese gesto ¿a qué se debe?

–A que no puedo creer que usted se crea normal.

–No, yo sé que no soy normal, pero Agustín ¿a qué le dices normal?

–A casarse, tener hijos, tener un trabajo seguro.

–Te diré qué es normal. Es seguir una rutina sin salirte de ella, es seguir un ritmo sin que te pares a observar si quieres algún cambio. El día que te das cuenta de que algo no está como te gusta y quieres generar algo nuevo, en ese momento ya no eres normal.

Ésta es una época en que sólo los creativos se sentirán seguros, pues quienes quieran tener todo bajo control vivirán más estresados de lo que creen. Quienes desean ser normales no les quedará otra que sostener la rutina y negar la adrenalina de los cambios que trae este nuevo milenio.

–Entiendo, me reconforta saber que ser raro está bien, pero ¿sabe maestro?, mire aquí tengo la carta del niño que pregunta sobre qué es portarse bien. A esta pregunta podríamos decir que también ser normal es portarse bien.

–Más o menos, diría que lo normal parece que es portarse bien, por ende, ser normal estaría entre los mismos parámetros, pero todo eso es palabrería. Porque portarse bien para la religión es tener que cumplir con todos los mandamientos. Para el batallón, defender a fuerza de matar a muchos de la bandera opuesta. Para los bancos, que pagues los intereses. El portarse bien es relativo, es como una ilusión, es una idea, una creencia.

Para mí, como maestro, portarse bien es hacer el bien. Me parece que no hay una mejor definición. Es sentirse en paz, en armonía con pensamientos y sentimientos. Porque no podemos andar juzgando, no podemos hacer diferencias, ni mirar y comparar. Sólo sabemos que una persona puede portarse bien cuando es amorosa.

El amor siempre estará por encima de todo, por eso quien se porta bien, tarde o temprano tendrá su correspondencia. Y hablando de correspondencia, ¿todas esas cartas son para mí?

—Sí, maestro, hoy parece que hay más que de costumbre.

—*Qué raro, ¿quieres empezar a abrirlas?* —dijo el maestro.

—¡Sí, me encanta esto que hago!, pero a veces siento que la gente se queja de lo mismo, de la falta de comunicación.

—*¿Y de qué más crees que se quejan?*

—Yo creo —dijo Agustín— que la gente siempre se va a quejar no porque sea mala, sino porque somos inconformes por naturaleza. Porque quien está conforme se acomoda de tal modo que se estanca. Y eso duele, aunque sea verdad.

—*Vuelvo a la pregunta del niño, portarse bien es ser noble, es portarse bien contigo mismo. Es ser leal, decir la verdad, ser solidario con los demás. Es divertirse sanamente, es abrirse a recibir lo que cada persona se merece.*

—Maestro, ¿cómo sé que me porté bien?; me separé de mi mujer y eso me ocasiona una sensación de fracaso muy grande.

—*Oye, Agustín, a ti te encanta sufrir, ¿por qué tendrías que culparte? El amor es un sentimiento maravilloso siempre y cuando sea genuino, cuando se va es bueno dejarlo ir. Y cuando hablo de dejarlo ir, hablo de no aguantarse el dolor, no aguantarse la amargura. Deberás soltar el dolor y poner en la luz al otro. Desearle lo mejor y olvidar el pasado, porque, ¿sabes?, todo el mundo quiere olvidar el pasado, pero eso se logra cuando el presente es activo, cuando se hace lo que se ama. Si todavía te sientes frustrado por tu separación es porque no has descubierto tu misión.*

Hace un rato me has dicho que te sientes fuera de lo normal por no tener un trabajo ordinario y que te sientes bien así. Cuando te sientes bien con lo que haces, entonces el tema del fracaso de tu pareja tendría que pasar a segundo plano. ¿Sabes por qué?

–No, ¿por qué?

–*Porque aprendiste a ser generoso contigo y con los demás. Un fracaso sería que no le ayudes a tu esposa con las niñas, o que no seas solidario y amoroso. Pero sentirse mal porque el amor terminó, andar por la vida preguntándote qué debería haber cambiado es perder tiempo.*

Tienes que preguntarte qué puedo mejorar y luego hacer lo que necesites para avanzar en tu camino.

Eso es parte del camino espiritual, un camino que nunca acaba. Puedes preguntarte por años lo mismo y perder energías hasta morirte.

Un día te aparecerá una respuesta, otro día otra. Sólo con el tiempo podrás darte cuenta de si fue una buena decisión. Y no te culpes, pues muchas veces el error no es el error.

–¿Cómo es eso?

–*Sí, aquí recibo a mucha gente que me dice: "Maestro si yo fui buena persona, buena pareja ¿por qué mi pareja no me quiso? Si yo di todo y nunca pedí nada, ¿por qué no me valoró?". Entonces ¿qué error comete la persona que duda de su propia nobleza?*

–Yo creo que ninguno, pero entonces...

–*Entonces, el error fue no cometer errores, no ser fuerte para pedirle al otro un momento para defenderse de tal o cual situación.*

Sufro por no tener la autoestima de poder decir basta.

Sufro por no tener el valor de salirme, en vez de quedarme para aguantar lo inaguantable.

Hay que saber saltar del barco que se hunde y saber saltar bien lejos para que las olas del impulso no te hagan tragar tanta agua.

Mira esta carta, léela para ti porque a mí no me hace falta hacerlo, quiero escuchar el tono de tu voz y sentir que el dolor del otro te pega en el alma para que tengas la certeza que éste es tu camino,

para luego que lo sientas en tu corazón puedas darle las respuestas
correctas. Te sentirás útil por haber escuchado a alguien que cla-
ma un poco de cariño para su alma.

Agustín, después de escucharlo con total respeto, esperó
una pausa de su maestro para comentar:

—Bien, maestro, aquí va la carta.

Maestro:
Soy Clara, mi esposo me engaña yo lo sé, pero no sé cómo
demostrarle a él que lo sé. Me niega todo lo que le digo y
yo quiero que usted me ayude a que esto no pase.

A que la otra persona se vaya cuanto antes y que él me
ame a mí sola con todo su ser. Hágame ese milagro y yo le
prometo ser noble y ayudar a todas las personas que me
pidan algo. Que la magia del cielo siempre esté a sus pies.

—*¿Ves?, esta mujer no entiende nada de la vida, ella quiere*
despertar y no tiene herramientas para hacerlo. Ama a su esposo.
Bueno, eso cree ella, pero ¿tú qué crees? ¿Sientes que ella lo ama de
verdad? ¿Se puede llegar a amar tanto, al punto de manipular el
corazón de la otra persona? O simplemente se ama, a veces, con
el propio ego, con un querer caprichoso como el querer tener un
zombi en su casa que haga todo lo que ella le dice. ¿Tú qué pien-
sas, Agustín?

—Yo creo que las mujeres son más manipuladoras que los
hombres y que no se es inocente haciendo esas peticiones.

—*Cuando tú, mi querido amigo, ofrezcas respuestas sin emi-*
tir juicios, entonces serás un gran maestro, mientras pienses que
hombres y mujeres reaccionan diferente no podrás dar respues-
tas ecuánimes. No utilices la cabeza para dar respuestas, utiliza
el corazón.

Las mujeres son más creativas para encontrar soluciones, pero no son más manipuladoras que los hombres. Cuando te doy algo para que me quieras o te quedes conmigo. Cuando te quito algo para que veas cuán necesario soy, te estoy manipulando.

No se puede pedir que te amen, no existe cosa alguna que modifique la acción de alguien si no te quiere. Sin embargo, sí hay una forma de que alguien te ame con locura.

–¿Sí existe?, ¿sí hay magia de verdad?

–Sí, la hay.

–Y la magia negra ¿también existe?

–Si existe la luz, la sombra también está presente.

–Y cómo puedo hacer para que Camila me perdone, si ya le pedí perdón millones de veces en mi pensamiento y en mi corazón, y repaso los cientos de formas en que me gustaría que me perdonara.

–Ella debe tener un tiempo para perdonar, que no es el mismo que el tuyo. Ella debe estar herida porque quizá traicionaste su confianza, su fe.

–Pero no lo hice a propósito.

–A propósito o no, con intención o sin intención, para ella el dolor fue el mismo.

Hace un tiempo una madre me contó que tenía una hija hermosa, joven, inteligente, con un novio maravilloso. Toda la familia había decidido ir a pasar el fin de año cerca del mar. Así que en el mejor restaurante de la zona reservaron una mesa para ocho. A las diez de la noche tendrían que estar reunidos, sólo tenían quince minutos de tolerancia. Así que toda la familia se dispuso a entrar al restaurante para saborear las mejores exquisiteces que invitaba el menú. La muchacha pidió almejas, luego de regresar a casa se empezó a ahogar y se murió. A las doce de la noche ella estaba entrando al primer cielo con Dios. ¿Tú crees que quien pescó la almeja, la pescó envenenada a propósito? ¿Que la almeja se contaminó de algo para matar a alguien porque ése era su objetivo? ¿Que el restaurante preparó el menú para que alguien se envenenara?

–¡NO! —dijo Agustín.

–Nadie fue culpable, pero la muchacha murió. A la madre el culpable no le interesaba, sólo le interesaba volver a la vida a su hija. Las personas no perdonan porque quieren, perdonan porque pueden. Así que si ella no puede hacerlo, hazlo tú por ella. Te mostraré algo.

El avatar sacó de su mano, dibujando un círculo en el aire, un rosario de cristal de roca de color rosa y lo puso en su mano.

–Reza, mi querido Agustín.

Agustín abrió los ojos, sorprendido, y dijo:

–¡Dios mío, gracias!, ¿cómo lo hizo?, ¡pero qué milagro tan maravilloso!

–Es mi gratificación a tu devoción. Es el trabajo que te encargaré todas las noches. Por cada cuenta de las ciento ocho que tiene el collar dirás esto:

"Le pido a Dios todo poderoso la luz para que el manto de amor del universo caiga sobre ti. Le pido a Dios que envuelva con su luz de amor el dolor de (aquí repites el nombre de Camila, completo con apellido y todo) para que yo en esta vida, en la próxima y en las futuras esté con ella. Bajo el amor del universo, perfecto, brillante y fortuito."

Esta oración sólo te dará resultado si está escrito que te quedes con Camila, si no, no habrá coro celestial que mueva un dedo por ti.

–¿Y cree que yo podré hacerlo? Que no me vendrán dudas sobre la veracidad de un perdón a una distancia que me parece tan lejana como una constelación.

–¿Y por qué no? Tú tienes muy pocos conocimientos de las energías, tú no tienes idea de cómo afectamos los unos a los otros. Esta afectación será cada vez más notable. Sólo los pedidos de amor se podrán recibir en el universo, no los de manipulación.

VII

Ama tu presente para que el futuro no tenga adversidades

Anda plácidamente sin ruido ni prisa.
Di la verdad tranquila y claramente.
Escucha a los demás,
incluso al aburrido y al ignorante.
Ellos también tienen su historia.

Pasaron los días y Agustín estaba cada vez más contento. Pues cada día se daba cuenta que ésa era su misión. Él siempre se preguntaba cómo se hace para vivir con una misión sin culpas, esto representaba disfrutar sin apegos, sentirse diferente a los demás. Esto representaba el desapego de todo, estar a miles de kilómetros de su familia, de lo más preciado que tenía como lo eran sus hijas y su madre. Vivir sin los mínimos lujos, ni siquiera poder usar la ropa normal que usa toda la gente.

Sin una vida social coherente, ni cines, teatros, restaurantes. Viviendo para los demás, para gente que ni siquiera conocía, ni veía. Leyendo cada día cartas, contestándolas en un libro que nunca nadie llegaría a ver. Caminando por una ciudad sin salida a ninguna parte. Con otro idioma, otra cultura, otra gente.

Otra luna y otra noche. Con otros insectos, más grandes y más voraces. Con una cama dura y una ducha fría.

Él se preguntaba por qué tanta alegría, si sólo leía problemas. ¿Sería que servir era un placer, como le había dicho su maestro?

"El que no sirve no sirve", le dijo una vez su amigo Mario y él no lo entendió.

Fue a buscar un trozo de pan al comedor de la casa de su avatar.

Recorrió cinco calles y al abrir la puerta sintió una energía muy bonita, y el aroma a flores que había en el comedor le recordó el consejo que le daba a diario su maestro a los fieles... "mantengan las casas limpias, pues ellas traerán paz, salud mental y abundancia".

Abrió el refrigerador y le tentó un pequeño recipiente de arroz con leche que había al fondo del primer estante. Lo llenó de canela y se sentó.

En ese lugar comían casi todos los huéspedes de la ciudad. Unas pocas rupias era el costo por toda una bandeja repleta de comida.

Recordó a su mamá y lo rico que cocinaba. Se sintió feliz de recordar lo bueno de su niñez. No dudó en seguir recorriéndola en su mente repleta de recuerdos.

Acordó hacer este ejercicio más seguido.

Anotó en un papel una lista pequeña en la que marcó con una cruz lo más urgente: Llamar a mis hijas y a mi mamá. Pedirles que me manden dinero de lo poco que separé para mí. Llamar a Camila para ver cómo está.

Pero apenas escribió esto último lo tachó, temió lastimarla, pues ya lo había hecho con decidir inconscientemente dejarla sola. Pero en la vida tenemos que ser valientes y completar nuestro sentir, "porque lo que no se complete se volverá a repetir", le había dicho una vez el maestro. Y recordando esas palabras volvió a escribir el nombre de Camila.

–*La llamaré aunque sea para que ella y yo cerremos este capítulo juntos.*

Terminó su arroz, lo puso en la pileta de lavar los trastos y se fue. Al otro día, como siempre, había grandes pilas de cartas sobre su escritorio. Éstas llegaban dos veces al día. Era imposible leerlas todas. Él trataba de apurarse pero no podía, así que decidió levantarse una hora más temprano para tener la mayor cantidad de tiempo para responder.

Querido maestro:

Estoy asombrada con lo que pasó en la vida de mi hermana, te pido que al leer esta carta le des de mi parte saludos a Dios, porque apenas con lo que voy a contarte pude entender muchas cosas.

Tengo una hermana cinco años menor que yo. Se casó muy joven y tuvo dos niñas preciosas, Yazmín y Belén. Ellas querían un hermanito y como Dios las escuchó les mandó a Jesús. Un bebé que para hacerle honor a su nombre nació en diciembre.

A los dos meses, el bebé dijo "mamá". Cuando mi hermana me lo contó pensé que estaba imaginando, pero grande fue mi sorpresa cuando en la semana lo fui a visitar y al darle su primera papilla, me dijo "mamá". Lo dijo clarito, lo repitió varias veces como para no tener dudas. A partir de ahí nos quedó muy en claro que ése no era un bebe común.

Aunque ahora todas las madres creemos que nuestros hijos vendrán a cumplir misiones y que éstos bebes están más conectados con el universo, a éste se le notaba una luz especial. Ojalá que esta humilde carta pueda llegar a tus manos.

Es que mi sobrinito se cayó por las escaleras al cumplir dos años y medio y se mató. Su hermana de seis años lo vio caer, corrió pero no pudo sostenerlo y se quedó con una culpa tremenda. Toda la familia lo lloró hasta quedarse sin lágrimas.

Y ese día sus padres venían de la iglesia de agradecer la hermosa familia que tenían. Pero creo, maestro, que el dolor no se entiende, se vive y nada más no tiene explicación.

Con el tiempo encontramos el teléfono de una escritora que se comunicaba con las personas que habían fallecido y fuimos a verla.

Ella, a través de una técnica de registros akáshicos, pudo hablar con el bebé y dio una buena explicación para que todos entendieran que el momento de su muerte era exactamente su momento y que nadie era culpable de nada.

La escritora y terapeuta quedó en darle a la mamá una carta con todo lo que había recibido como mensaje de su bebé. Pero el mail nunca le llegó.

Un día, la hermanita pequeña habló con su hermanito muerto, el cual se le había aparecido en la sala de la casa y le dijo toda la conversación que había tenido con la escritora. Al poco tiempo la escritora pudo enviar el mail y los dos relatos eran los mismos. El bebé le había dicho a su hermana: "Hermana de mi corazón, yo no me caí, un ángel me tiró porque tenía que cumplir con mi misión en el cielo, fui muy feliz con ustedes y los amo, no me lloren que yo estoy feliz aquí".

Gracias, humildemente gracias.

P.D.: Sólo le pido que haga algo para que estos encuentros sean más frecuentes.

Agustín sacó tres cartas más y las empezó a leer.
Primera carta:

Querido maestro:
Quiero que me diga qué hacer. Estoy muy enamorada de
alguien que ni siquiera me miraba, pero un día le escribí
a usted y todo cambió. Tengo la persona que más amo en
la vida a mi lado. Ésa que no me miraba ahora me acom-
paña en cada día que vivo. Yo quiero agradecerle y pedirle
otro favor. ¿Podrá hacer algo para que nunca se vaya de
mi lado?

Y Agustín se puso a pensar cuántos miedos tienen las
personas cuando por algún motivo empiezan a ser felices y tienen lo que quieren.
Segunda carta:

Querido maestro:
Yo quiero agradecerle todos los milagros que tuve gracias
a usted. También quisiera que me dé un nuevo sueño.
Éste es el de encontrar un mejor trabajo.

Agustín metió la carta en la bolsa para llevarla al árbol de
los deseos, pero el maestro luego la sacó y le dijo que cuando
esa persona aprendiera a dar sin condiciones la prosperidad
entraría en su casa.
Y la última carta contaba que un libro que había llegado
a manos de una familia había cambiado la vida de todos sus
integrantes. Esto era mágico.
Tercera carta:

Mi pregunta es: ¿Por qué la familia no presta atención a los consejos de sus seres queridos? Por qué tiene que ser alguien o algo exterior los que cambian a quienes nosotros con todo el amor del mundo no podemos cambiar.

Agustín le contestó:

Nadie es profeta en su tierra y menos en su familia. Lo mejor es aceptar que la condición humana es similar al comportamiento de los animales: ser influido por un animal de otra manada y casi nunca por el de la propia.

La ciudad del avatar está llena de luces, aromas, brisas y risas. Toses por la madrugada y, sobre todo, extranjeros. Cuando alguien llega a este lugar decide pensar en regresar o tiene la fantasía de quedarse a vivir.

Viajar es lo mejor que le puede pasar a un ser humano, por eso los espíritus del cielo son muy felices. Ellos pueden vivir sin pasar por la agencia de turismo, ni pagar ningún paquete vacacional.

Los turistas son alegres, ruidosos, abiertos a entablar nuevas relaciones. No se puede viajar sin socializar, en los viajes, así sean cortos o lejanos, se abren todos los canales de la comunicación.

Quizá el miedo a estar tan lejos de lo conocido hace que veas lo que en tu lugar conocido no ves. Ser extranjero es estar desenraizado, ni en un lugar, ni en otro. Extrañando las nuevas raíces cuando te encuentras en el país de origen. Añorando el país de origen cuando estás en nuevas tierras.

Sin embargo, quien se anime a vivir lejos de su tierra

sabrá que el mundo está a sus pies, que es un ciudadano del mundo. Y cuando se es ciudadano del mundo, todo es común.

Las personas que son extranjeras no hacen diferencias sociales ni culturales. Sienten que todos son iguales ante Dios, que son parte de un todo.

Siempre añorarás tus raíces, igual que cuando extrañas regresar al vientre de tu madre. Igual que cuando extrañas regresar al cielo, tu verdadero lugar de origen.

Así que, como buen ciudadano del mundo, Agustín decidió no extrañar sus raíces. No sentirse culpable por estar lejos de su familia y agradecer de todo corazón su misión.

Agustín está feliz por servir a Dios, de brindarse con todos sus sentimientos. Por eso invita a todos los seguidores del mundo a realizarse desde el corazón. A ser lo mejor de lo que deseen ser.

El avatar estaba dando la vuelta por algunas manzanas de la ciudad. Ya era el inicio del atardecer y el sol estaba naranja con rayos amarillos haciendo garabatos en el cielo. La tarde era agradable. Los aromas de los sahumerios cambiaban a hierba quemada mezclada con citronela, éste era un insecticida un poco fuerte, que era necesario para que los mosquitos no se envalentonaran con las personas.

El avatar camina con su manta naranja como los rayos del sol en el cielo, sólo él sabe lo que piensa. Casi nunca habla, sólo lo hace para transmitir lo justo y necesario. Cuando el amor está presente en una persona, las palabras sobran.

Para Agustín el maestro era una incógnita, siempre se preguntaba qué pasaría por su cabeza, ¿realmente podría no tener ningún pensamiento negativo? También se preguntaba si Jesús o Buda alguna vez se habrían salido de su paz. O si se sentirían tan plenos como él se imaginaba.

Y todo esto lo pensó Agustín mientras lo veía pasar caminando y lo observaba por la ventana. Era raro verlo solo, casi siempre alguien lo acompañaba con tal de sacarle alguna información sobre su vida. Esta vez era una buena oportunidad para conocerlo. Tuvo el impulso de salir corriendo para alcanzarlo y acompañarlo.

Sin embargo, el corazón de Agustín era grande y a pesar de sus ganas decidió respetarlo y contemplarlo, mientras el maestro con su andar dulce y paciente iba caminando, casi flotando por la calle.

Un elefante gris claro y ornamentado lo seguía, como si fuera un tierno perrito. Cuando las personas sentían que el avatar pasaba no podían evitar salir a la puerta a verlo. Algunos devotos tenían que aguantarse las ganas de ir a tocarlo, pues los guardias, llamados servos, lo cuidaban para que nadie se le acercara. Los servos eran muy celosos de su maestro.

Agustín a veces no los entendía, pues si ellos eran seguidores del amor cómo podían ser tan duros con las personas, sin embargo, ellos sabrían lo que hacían. No por casualidad tenían esa misión.

¿Y qué pensaría el avatar de ellos? ¿A todos los querría por igual? Quizá sí, pero qué sentiría él cuando alguna persona necesitada o minusválida se le acercaba y los servos lo quitaban como si nada. A lo mejor no todo el mundo debería llegar a él.

Agustín era profundo en su pensar, agudo, minucioso y, además, tenía muy buen humor. Se había vuelto paciente, amistoso y agradable hacia los demás.

Salió a la puerta de su casa para observar aún más de cerca el papel de los servos ante el maestro y sus fieles. Vio cómo ellos no se distraían ni un segundo al acompañar a su maestro y sacar a cuanta persona insistiera en que el maestro lo tocara.

Y en el momento que estaba pensando en por qué algunos sí podían tocarlo y otros no, recordó una conversación con su avatar.

Era una tarde de verano debajo del árbol de los deseos cuando el maestro le pidió a Agustín que lo acompañara. Él llevaba las cartas de los seguidores. El avatar le pidió que colgara del árbol sólo algunas. Agustín no se aguantó la curiosidad y le preguntó:

–¿Por qué?

El maestro respondió:

–*Porque estas cartas necesitan otra frecuencia de energía, hay que trabajarlas de forma diferente para que sus dueños realicen sus sueños. Y estas otras que no se colgarán hay que quemarlas, porque estos sueños no se cumplirán.*

–Pero maestro, ¿por qué no se cumplirán?

–*Porque los sueños que se piden desde la soberbia nunca se dan. Esto es necesario que mucha gente lo sepa. Porque Dios a los soberbios los baja y a los humildes los exalta. Ésta es una ley universal. Dios es humilde y desapegado del ego, hay que aprender esta ley.*

–Pero usted me enseñó que si una persona tiene un sueño en su cabeza es porque lo puede realizar. Nunca se nos ocurre algo que no podremos hacer, ¿o no?

–*Sí, gran parte de nuestros sueños se pueden realizar, pero otra parte no.*

–No entiendo, cómo puedo entonces saber qué se puede realizar y qué no, si a todos los deseo de corazón.

–*Te explicaré: todas las personas saben cuándo irán a realizar un sueño. No importa qué edad tengas ni cuánto te falte para cumplir tu sueño, tú sabes que se va a cumplir. Luego hay otros sueños que se te ocurren, pero mucho tiempo después* que cuando lo soñaste. Y hay sueños que sólo quieres realizarlos por soberbia y ego. Por mostrárselos a los demás, para hacerles ver cuán poderoso e inteligente eres. Ésos no se darán.

–Pero yo he visto gente que es soberbia y cumple con lo que quiere, ¿por qué me dice usted, maestro, que esos sueños no se les dan?

–*Al poco tiempo que esa gente cumple su deseo vuelve a sentirse infeliz. Los sueños obsesivos, soberbios, egocéntricos nunca son durables. Voy a decirte algo: tú puedes tocar muchas puertas, si éstas no deben abrirse no se abrirán. Y otras veces, sin darte cuenta, te apoyas en alguna de ellas y sin querer se abre.*

–Si lo sabré —dijo Agustín, riéndose, recordando el episodio de su encierro en el templo.

–*No dudes, lo que es para ti, ahí estará, hagas lo que hagas.*

–Pero hay gente que se merece cosas buenas y, sin embargo, no lo logra.

–*A lo mejor no está jugando bien el juego de la vida.*

–¿Y cómo es que se juega?

–*Se juega igual que un partido de futbol. Cuando hay partido puede que un jugador juegue mejor que otro, que un equipo tenga más práctica y conocimiento, sin embargo, hacen falta otros factores como la actitud, o más suerte, para que se gane el juego.*

–Eso, maestro, ¿le parece justo?

–*El que juega debe saber cómo son las reglas del juego. Si las instrucciones del juego pide goles, entonces haz goles, si pide que comas piezas entonces come piezas. Si el juego pide que adivines el nombre de una película entonces no te pongas a hacer goles. Al final, gana quien sabe lo que está haciendo. Quien haga las cosas con coherencia y de corazón estará siempre feliz. A lo mejor algo no sale bien porque no estás concentrado, porque no sabes hacer equipo o porque simplemente te pusiste a jugar con un reglamento equivocado.*

–¿Esto quiere decir que no puedo salirme de la sociedad porque voy a perder?

–*La única sociedad que puedes formar es la del amor. Esto significa que si tú eres un hippie y solicitas un trabajo formal, cuando te vean vestido como lo que eres te van a juzgar y el trabajo no te lo darán. Significa que si quieres hacer goles debes jugar a hacer goles y si no, no juegues. Tú puedes ser muy libre, muy inocente y espiritual, pero en esta vida con esas herramientas no puedes ganar un partido.*

–Y entonces maestro ¿qué receta necesito para ganar el juego?

–*Te la diré: observa tu juego. Métete en la cancha con la camiseta puesta, juega con el corazón. Corre riesgos, a veces alguna patada o golpe llega sin esperarlo y si lo toleras seguirás jugando. Pasa la pelota, aprende a jugar en equipo, delega, supervisa, capacítate, atiende las necesidades ajenas. No dejes que te saquen del juego, no hagas lo que no te gustaría que te hicieran a ti. Involúcrate, pero no dejes el cuerpo en el juego, no te tomes las cosas como algo personal, menos los fracasos.*

Cambia camisetas, intercambia ideas, comparte, abrázate con quienes son parte del equipo. Festeja si ganas, llora si pierdes, pero no te ausentes del juego.

Agustín terminó de colgar del árbol de los deseos la última carta y con toda su alegría le dio una sonrisa de oreja a oreja a su maestro tan querido y le agradeció su enseñanza.

–*Que Dios te bendiga* —dijo su maestro.

–¿Tú eres Dios? —preguntó Agustín a su maestro.

–*Tú eres Dios, y yo también* —respondió su maestro—. *Sólo que yo lo sé y tú no.*

Y Agustín dejó de recordar ese momento y volvió a su lectura de cartas.

Querido maestro:

Hace más de siete años que no tengo pareja, qué digo pareja, ni siquiera alguien que me mire o me pretenda. No creo que esté tan fea, ni que sea tan mala como para no merecerme alguien que me quiera, no digo que me quejo de que alguien no muera de amor por mí, me quejo porque no se me acerca nadie. Y yo lo único que pido es un poco de afecto. No sé qué estoy haciendo mal, no creo que deba tener que salir a buscar a un hombre a un bar. Porque lo único que conoceré en un lugar así será un borracho. Yo quiero alguien sano mentalmente.

Creo que está difícil el pedido, más allá de si se puede, o no, dar; quiero sólo que me diga por qué mucha gente tiene suerte en el amor y otra no. ¿De qué depende? Yo a veces creo que las mujeres más bravas son las que reciben más amor. Las que son más bonitas también son más amadas. ¿Será que la belleza es un karma? Será que las que no somos agraciadas tendremos que ser inteligentes para vivir en soledad sin desesperar.

Sólo dime, mi querido maestro, de qué depende que yo tenga algo de suerte en este tema.

No sé si será una carta tonta, yo considero que si hay una respuesta a mi pregunta, por favor, mi querido maestro, no deje de decírmela. Usted que está tan cerca de la verdad se debe estar riendo con esta carta. O a lo mejor cree que soy una mujer tonta.

Yo sólo quiero contarle que pasar una vida sin que te quieran de verdad es inhumano, si alguien tuviera que pagar este karma por algo malo del pasado, sin duda debió haber hecho algo muy, pero muy malo.

¿Me podría ayudar? Lo quiero, maestro de luz y amor.

El maestro, que siempre entraba sin ser visto, ni escuchado, había abierto la puerta y se enteró del relato de la carta con sólo escuchar la voz interna de Agustín cuando lo leía.

–Maestro, maestro —le dijo Agustín—. Hay una carta que yo quiero mostrarle, a lo mejor le parece cursi, común, más liviana que las otras, pero a mí se me hace desesperada, triste, injusta. ¿Qué le digo a la dueña de esta carta?

Y el maestro, que todo lo sabía, le contestó:

–¿Qué se te hace injusta? La carta o la situación que está pasando la muchacha.

–La situación de esta mujer, porque quizá muchas piensen igual, o les pasen cosas parecidas. Yo particularmente quiero preguntar algo: ¿puede una persona estar castigada todo el tiempo en esta vida por algo malo que haya hecho en otra vida?

–*Tú hablas del karma. No se puede estar en condena perpetua por lo que has hecho. El alma siempre desea aprender y crecer, no puede estar en el infierno del karma todo el tiempo.*

Cuando alguien hace buenas acciones en esta vida no sólo mejora su karma futuro, sino que también mejora o cambia el del presente. ¿Pero por qué me lo preguntas?

–Lea maestro, lea esta carta.

Y el maestro la leyó rápidamente y cuando se la iba a dar nuevamente a Agustín decidió quedársela. La guardó en el bolsillo de su túnica y sólo le dijo a su alumno:

–*El amor es mágico, nunca hace mal. No lastima, no olvida, no engaña. El amor legítimo es único e irrepetible con cada persona. El amor no es costumbre ni tiene rencores. El amor no mata, no hiere, no miente.*

–¿Pero entonces casi nadie ha dado ni recibido un amor así?

–De algún modo alguien te ha amado incondicionalmente y ese amor es el de tus padres. Hay amores infinitos como el amor de los amigos, de los que te cuidan cuando estás enfermo. El amor de tus maestros espirituales o religiosos. El amor de la naturaleza, de tus guías, de tu Dios, ése lo conoces pero no lo reconoces.

Habrá que volver a las memorias celulares para recordar cuánto amor te ha dado Dios cuando has estado en el cielo.

Agustín bajó la cabeza, no quería hablar de esos recuerdos nítidos y fuertes de su vida en el cielo. Él no había pasado del todo por la ley del olvido y a veces sentía que extrañaba demasiado a su familia espiritual y su mundo en el cielo.

El maestro, que todo lo sabía, se le acercó, le tocó la cabeza y le dijo:

–Te amo, hijo mío. Sé lo que has pasado en el cielo, sé quién eres, quién has sido y te amo de todas formas. Sé que tu lugar es éste, aquí con tu gente y conmigo, pero también sé que andas buscando el amor de tu vida y que una vez que creías haberlo encontrado, poco te ha durado. Sé que la extrañas, pero que también con ella te sientes vacío. Y te diré algo: ese vacío tampoco se llenará con cosas materiales, ese agujero sin fin sólo lo llena Dios.

Es como la mujer de la carta, la que no encuentra el amor, ella no se siente totalmente querida. Tú tampoco.

Cuando el crecimiento espiritual es muy fuerte, el amor de la gente pasa a otro plano. A veces este crecimiento te aleja de tus seres más amados, pues ni Buda, ni Jesús andaban con su familia y sus amores a cuestas.

El amor de pareja en estos tiempos es un buen milagro, es una explosión de amor y creación. Esa unión de almas gemelas es eterna y duradera, pero para muchos cuesta encontrarla. Sin embargo, se avecinan tiempos en que estas almas se reencontrarán y se reconocerán entre sí sólo con mirarse. Se quedarán para siempre juntas y se amarán con un amor genuino. Mientras tanto, estas personas tendrán que esperar y no desesperar. Ese vacío desaparecerá, pues la soledad no dura para siempre. Ese espacio se llenará con un amor de verdad. Y no habrá edad para reencontrarse, no habrá día, ni noche, en que nadie quede solo como se sienten ahora.

Se está traspasando la era de la soledad y ya se avecinan otros tiempos. El mundo está dividiéndose entre personas con luz y personas con oscuridad. Se irán dividiendo de forma notable, como el Yin y el Yang. Ya las mentiras quedarán de un lado y las verdades del otro para estar por primera vez totalmente separadas.

Ya no habrá engaños, ni nada malo, sólo el amor quedará del lado de la luz y las personas amorosas se reencontrarán entre ellas y tendrán reacciones como si siempre se hubieran conocido.

–Pero maestro, eso parece de ciencia ficción, no digo que no le creo, pero ¿tan así será?

–Tan así; será el amor de verdad y las parejas tendrán compañeros de lujo. No habrá gente que se quede sola. Este mundo se hizo para vivirlo acompañado, igual que el mundo animal.

–Y usted maestro, ¿tendrá también pareja? Los que están metidos en el camino espiritual ¿también vivirán esto? ¿No es que no se puede cumplir el camino con la familia a cuestas?

–Es que la familia que te seguirá será otra familia, una que esté a tu altura. Las familias que adoptarás, quizá no sean la tuya. Pues sólo te seguirán las que no quieran manipularte ni llevarte adondequiera. ¿Recuerdas tu vida en el cielo? —preguntó el maestro.

–Sí y la recuerdo bien. Sí, claro. Todos estábamos en sintonía, vivíamos en el cielo con alegría y sin apegos. Los espíritus vivíamos sin celos, ni envidias, nos queríamos sin condiciones. Pero ahora el que se siente solo, ¿cómo hará para encontrar su alma gemela?

Yohana García

–*No hay recetas, lo que está escrito será. Todos la encontra-rán, no habrá edad para lograrlo.*

–¿Yo también?

–*Tu caso es diferente, el vacío ese que sientes por estar en el camino no se llena sólo con una persona, se llena con Dios. Y quien encuentre a Dios primero que a su alma gemela ya estará comple-to y cuando estás completo el amor de pareja llega.*

–A ver si entiendo, la señora de la carta dice que le pa-rece injusto que nunca la amen de verdad. Habla de amor de pareja y usted le contestaría que si ella encuentra a Dios no debe importarle que un hombre la ame de verdad. Pero es que vivimos en un mundo material y aunque Dios sea lo máximo, se necesitan los besos, los abrazos, el compartir.

–*Esos besos y abrazos no duran toda la vida. Las conversa-ciones después de muchos años se hacen monosílabos. Las miradas sólo son gestos de alguna seña que acorta el diálogo. Se transfor-man, las parejas no siempre se tratan igual que el primer día. Si esto pasara entonces no habría crecimiento, la vida es como un parque de diversiones: te subes a un juego y te da vértigo, después de un tiempo de estar en el mismo juego te acostumbras y ya no te causa ni adrenalina, ni vacío en el estómago, ni miedo. Te dedicas a ver el paisaje y a esperar bajarte de un juego para ir a otro.*

–Qué duro, maestro, quiere decir que somos seres en busca de una experiencia maravillosa hasta que la rutina nos mata y nos acostumbra.

–*Así es.*

–Pero ¿cómo hacer para que esta mujer deje de pensar en el amor?

–*Ella pensará siempre en el amor.*

–Pero ¿cómo hacer para que una persona no pierda las esperanzas de encontrar el amor de su vida? Porque irse de este mundo sin un gran amor es un sacrilegio. Ella dice que quizá por ser buena no tiene éxito.

—*Te diré por qué no tiene éxito, ella es predecible y no hay peor cosa para el amor que ser predecible. Al amor y a la fortuna no les gusta la rutina.*

Te contaré un cuento:

La diosa Fortuna iba en busca de los elíxires de la juventud, que les debía a los dioses. Siempre recorría el mismo camino para llegar a su casa.

En el pueblo se había corrido la voz que esa niña de trenzas negras tenía los elíxires de la juventud. Así que un pescador decidió cazarla como si fuera una sirena. No le fue difícil, le tiró de sus trenzas y la cazó.

Los dioses esperaron un tiempo para ver aparecer a la diosa Fortuna, pero cuando se dieron cuenta que no aparecía fueron a buscarla, la encontraron corriendo, pues se había escapado y estaba asustada.

Una vez que estuvo a salvo le pidieron un gran favor, le dijeron que nunca pasara siempre por el mismo lugar, que no fuera rutinaria porque entonces sería mujer muerta. Por eso la suerte nunca aparece dos veces por el mismo lugar. La fortuna y el amor mueren cuando se hacen rutina.

Y a veces vamos caminando por las sombras de la mala suerte porque no nos imaginamos que se puede cambiar de vereda.*

* Tomado de *El mito de la diosa Fortuna*, Jorge Bucay, Océano, México, 2006.

Yohana García

VIII

Energía divina
que vives en mí...

Energía divina que vives en mí.
Que tu reino eleve mi vibración
que tu voluntad guíe mis pasos.
Que se haga tu voluntad
en todo el universo.
Que el perdón sea mi alimento diario.
No permitas que me aleje de ti,
amén, amén, amén.

SILVIA PRESTES ABALO

Agustín había empezado el día inquieto, molesto, hasta cansado. Sentía un gran agotamiento físico y mental. Se dio cuenta de que estaba igual que en aquellos días cuando trabajaba en lo que no le gustaba. Harto de estar harto se preguntó cómo podía ser tan ingrato de sentirse así, ante un momento de su vida donde se sentía en plenitud. Él sabía que estar en un lugar mágico como era la India era toda una bendición. Rodeado de gente que lo respetaba y lo admiraba por estar cerca de su maestro tan querido.

Agustín se dio cuenta de que uno es lo que es. Que los cambios son momentáneos, que no hay libros, ni vivencias que cambien a alguien totalmente si no es su momento de cambiar. Son los tiempos los que hacen los milagros en las personas.

Agustín se insultó a sí mismo, pues se sentía más tonto que nunca. Sentía culpa por haber dejado a Camila, sin siquiera una noche de amor. Se sintió egoísta, sin inteligencia.

Recordó que hacía meses no veía a sus hijas, hasta vergüenza sentiría de encontrarlas nuevamente.

En ese momento de desazón se abrió la puerta de su recinto y vio entrar a su maestro con un andar cansado, y sus pies hinchados por el calor. El agobio de sus seguidores y el celo de quienes lo cuidaban lo habían agotado. Pero con una sonrisa se dirigió a Agustín.

–*¿Estás bien?* —preguntó el maestro.

–**Sí, maestro, todo bien** —le contestó Agustín con una media sonrisa.

–*Bien, si yo te pregunto es sólo por preguntar, ya sé cómo estás. Ahora, si me vas a mentir, miénteme bien, tienes cara de que no estás tan bien. Yo ya sé por qué.*

–**Estoy de mal humor sin motivo** —dijo Agustín con un tono de nostalgia.

–*Ah, eso es muy común entre los seres humanos, hombres, mujeres, niños, todos por igual sufren esos malestares. Si se trata de sufrir inútilmente ahí están como en fila india, encantados de la vida sufriendo, vaya uno a saber por qué. Es una condición humana que no dura más de veinticuatro horas, cuando se tiene conciencia de no desperdiciar la vida en esos ratos de queja inútil. Luego, el estado negativo se va y con el tiempo aparece. Esta desazón se cura con paciencia.*

Tú no puedes deprimirte porque sí, siempre hay algún motivo. No es posible deprimirse en momentos de euforia ni de hiperactividad. Sólo una persona baja su energía, o se deprime, cuando se queda en estado de introspección. Al momento que quiere buscarse a sí mismo, cuando empieza a preguntarse cuál es el motivo de su vida, y si no lo encuentra, entonces cae en la cuenta que no es feliz. A mí me gusta que la gente vaya a su interior y medite, no que se castigue y piense en el hubiera, pues todos sabemos que el hubiera no existe. Las penas se curan con sabiduría y comprensión, no con alcohol, ni castigos. La vida está llena de magia, pero es demasiado corta por más que vivas los años que vivas.

Tú eres un eterno disconforme, desde que naciste lo fuiste. El tiempo me dará la razón, cuando seas viejito y te sigan tomando por sorpresa estos bajones de ánimo.

No llores por lo que pudo ser, o por lo que no fue, por lo que no estaba en tu camino. Si te arrepientes pierdes tiempo y alegría. Cuando te acostumbras a martirizarte los demás también lo harán. Muchas veces como tú te tratas te tratan; en todo el mundo ocurre igual. Las reacciones de las personas a veces se parecen, aunque su cultura y su religión no sean las mismas. Hazme caso, Francesco, no pienses.

–Agustín, maestro, yo soy Agustín, ¿por qué me llamó Francesco? ¿Le hago recordar a alguien?

–Pues algo. Te contaré: había un señor que siempre estaba disconforme, y reencarnó una y otra vez.

El maestro hizo una pausa y Agustín esperó que continuara, pero al ver que el maestro no hablaba le dijo:

–Continúe maestro y luego qué...

–Y luego, este señor Francesco renació en tu cuerpo y ahora eres Agustín, pero sigues siendo igual a él.

–¿Cómo, maestro, usted sabía quién era yo en otra vida y que, además, fui un eterno disconforme? Qué horror.

Al maestro le dio un ataque de risa, incluso brotaron lágrimas de sus ojos.

–Sí, ese mal entrenado eres tú. Así que si a este espíritu que tienes, tan amado por Dios, no lo escuchas como corresponde, más

vale que te acostumbres a venir durante millones de vidas más. Porque las lecciones en este planeta se tienen que aprender bien, si no, te harán regresar muchas veces más. Si te gusta regresar, adelante, pero después no te quejes.

A Agustín se le llenaron los ojos de lágrimas y sólo se le ocurrió pensar en todo lo que no había disfrutado, pues era demasiado preocupón. No había aprendido a sobrellevar los problemas.

—No podía ser de otra manera, así son los quejosos —le dijo su maestro poniéndole una mano en el hombro.

—Dígame, maestro, qué hice yo para merecer esto.

—¿Sabes?, si veo tu mirada puedo ver tu vida y me es muy fácil leer cuál fue la verdad de tu pasado. Y sé que, de verdad, no tuviste la suerte que te hubiera gustado.

No creo que no te hayan querido nada de nada, cada cual demuestra su amor como puede y a lo mejor tú siempre te topas con personas que no supieron darte lo que tanto necesitabas.

Pero, mira, el amor siempre llega y a lo mejor ahora, en este mismo momento, alguien está llegando a tu vida.

—Yo creo que llegó, pero por miedoso la dejé pasar. ¿Usted podría decirme si Camila era el amor de mi vida y no supe cuidarlo?

—¿Cómo se te ocurre que yo podría facilitarte esa respuesta? Es muy fácil que te la dé y tú lo resuelvas, pero para qué tienes tu cabeza y tus sentimientos. Esto me hace recordar cuando mucha gente me escribe y me dice "soy fulanita de tal y estoy de novia con zutanito de tal y quiero saber cómo me voy a llevar". Yo me río solo y pienso, ¿y yo soy quien se lo tiene que decir?

¿Por qué las personas se niegan a tomar decisiones?, les asusta equivocarse. ¿Por qué dudar tanto? Si alguien está de novio tendría que vivir su propia experiencia, sea la que sea.

Cuantas más opiniones pidas sobre un tema, más tienes la energía dividida y menos poder personal tienes. No pidas opiniones, entra en tu corazón, no importa el tiempo que tengas que quedarte en ese lugar. Tus respuestas nunca estarán fuera de lugar. No te tengas miedo. Aprende a enfrentarte sin rencores. Ahora que preguntas sobre Camila, ve a buscarla, no seas cobarde. Si no enfrentas este momento, jamás sabrás si ella es el amor de tu vida.

—Lo sé, pero no me resulta fácil.

—*Bueno, estar aquí preguntándome qué hacer, tampoco es fácil. Estás lejos de tus hijas, lejos de tu casa, de tu madre. ¿Por qué no regresas?*

—¿Usted ya no quiere que esté aquí?

—*Estés o no estés, las cartas se tendrán que contestar de algún modo. A mí me encanta tu presencia, pero yo no debo dejar que nada, ni nadie, deje su camino por estar en el mío. Vete, haz tu maleta y lárgate.*

—Maestro, ¿de verdad me está diciendo que me vaya?

—*Quiero que busques tu amor y pruebes. Lo estás perdiendo de vista.*

—¡Creo que ya lo perdí! Pero, maestro, ahora hay modos de averiguar si ella me sigue queriendo o no.

—*¿Cómo lo averiguarás?*

—Bueno, es fácil, la llamo por teléfono o le mando un mail. No hace falta que vaya a verla para saber si me sigue queriendo.

—*Ustedes los hombres son muy comodinos. Después de romper su corazón, de no llamarla, de no preocuparte por ella, ahora pretendes que te escriba como si fueras su príncipe azul.*

Creo que estás muy equivocado, cualquier persona con un poco de autoestima te diría que eres un desatento. No pretendas obtener su perdón así porque sí.

Yohana García

¡Ahora la quieres llamar, porque te lo estoy pidiendo yo!

Te diré bien lo que hay detrás de ese hombre íntegro y verdadero que eres tú, hay cobardía. Y la cobardía, como la negligencia, no tiene perdón.

–**Maestro, no entiendo.**

–*Ahora dirás que fue por seguirme a mí, que no te animaste a hacer nada. Sé fiel a ti mismo; me seguiste porque no querías un compromiso, porque todas las excusas son buenas cuando se escapa a la responsabilidad de la familia.*

Qué te puedo decir. Vete, enfrenta la vida y no vuelvas hasta que madures. Para qué quieres hacer servicio conmigo y con la gente, si te quejas de lo que has dejado. ¿Sabes cuántas personas andan hipócritamente sacando agua fuera de su pozo cuando sus casas están inundadas? ¿Sabes cuántos salvadores ajenos existen en el mundo? A veces esa hipocresía me saca de mi paz.

No puedo creer que no te hayas dado cuenta que estabas perdiendo al amor de tu vida. Ese amor que habías soñado toda la vida. Esa mujer que fue capaz de hacer su segundo viaje a la India en sólo quince días por ayudar a su amigo y volver a verte.

Yo creo que las mujeres tienen mucho más valor que ustedes. Qué bueno que ustedes no son capaces de parir hijos, pues morirían todos en el parto.

Agustín miró al piso, lloraba con congoja, suspiraba y los ojos se le enrojecieron.

–*Qué quieres que te diga, Agustín, ¡que todo se va arreglar!, dime tú qué te gustaría que te dijera. Sólo puedo decirte que me perdones por haberte mandado llamar, ahora no eres feliz, pero antes tampoco lo eras. Ahora sabes lo que es una verdadera misión, pero lo que tiene que ser un placer para ti, ahora se ha vuelto una interrogante. La vida no siempre es como la soñamos, la mayoría de las veces es mejor, o peor de lo que imaginamos, pero nunca igual.*

Te preguntarás ¿y ahora qué? Yo te dejaré en paz, sacaré tu pasaje, te regresarás y si ya cerca de tu familia y de tus amores no sabes ser feliz, entonces, mi querido Agustín, serás un caso perdido. No me gusta ser extremista, ni alarmista, pero si quieres jugar a la víctima es mejor que lo hagas a lo grande. No se vale sufrir a medias.

Yo siempre te llevaré en mi corazón, pero te recordaré que cuando estés en tu lugar, regresando a lo habitual, sin gente a la cual ayudar, no serás feliz aunque estés con el amor y la familia perfecta. Una persona se siente completa cuando sabe que está siendo solidaria con el otro.

Agustín se quedó en silencio, se sintió vacío por no tener coherencia en sus planes. Creyó ser una mala persona por no estar cerca de los suyos. Y como si el maestro supiera qué pensaba le dijo:

—*Nada es más importante que estar cerca de la familia, porque ésta debe ser todo para ustedes. Pero cuando el de arriba tiene otros planes, ni la familia carnal tiene el derecho de tenerte cerca. Te contaré una historia:*

San Pedro estaba muy cansado de ir hacia donde su Dios lo mandaba, hasta que un día con todo su derecho se rebeló. Levantó la vista y le dijo a Dios: "Tú me mandas para todos lados, ¡no te das cuenta que ya estoy viejo! A lo mejor tú no sabes qué es eso, pues para ti fue fácil, tú fuiste joven y no sufriste más que unos días. No tuviste que pasar por la triste vejez, no te arrugaste, ni tu paso se hizo lento y lo peor, nunca te dolieron los huesos".

Entonces el cielo se abrió y una voz firme le dijo: "Cuando eres pequeño vas adonde quieres, pero cuando estás grande vas adonde yo te mande".

Agustín miró a su maestro, le agradeció la lección y le besó los pies, como se hacía en el Ashram.

–*Quiero darte lo mejor, pero tú no me dejas. Quiero mostrarte que toda la gente sufre, que no hay excepciones, porque eso es tener un cuerpo y estar en este plano, pero también la gente sabe conectarse con el placer de la vida cuando así lo desea.*

–¡Pero, maestro, no se puede unir el camino espiritual con la unión de la familia!

–*Claro que sí se puede, pero cuando la misión es grande, entonces hay que viajar, estar lejos de la casa. Hay que estar con la gente, quedarse en silencio y disfrutar de éste.*

–Entonces ¿sí se puede, en mi caso?

–*¿No te das cuenta que tu misión es grande?*

–Sí, me doy cuenta, pero ¿por qué no puedo tener a Camila?, o mejor dicho, ¿por qué Camila no me atiende el teléfono?

–*Yo te diré por qué, porque cuando las almas gemelas se encuentran hay mucha luz y las fuerzas oscuras siempre querrán separarlas. Ella lo único que sabe es que la dejaste, sin explicaciones, en el viaje de sus sueños.*

Deja que la vida te guíe, todo tendrá buen final, porque te lo mereces.

–Pero ¿cómo puede tener buen final, si ella no quiere ni verme?

–*Ten fe en mí, Agustín. Y ya sabes, si te quieres regresar ahí tienes tu pasaje de regreso.*

–No, maestro, téngame paciencia, ya me nivelaré con el desapego.

–*¿Te gustaría aprender del desapego?*

–¡Claro que sí, estaría encantado!

–*Bueno, déjame traerte algo.*

El maestro fue por un baúl de madera oscura con unos

caracteres antiguos. Buscó la llave y lo abrió con un poco de esfuerzo.

—*Aquí hay más trabajo, ¿sabes? Estas cartas las llené de bendiciones porque necesitaban más atención y las guardé para que alguien hiciera un libro, a lo mejor te sirven.*

—Pero yo no soy bueno para escribir.

—*¿Quién lo dice?*

—Las leeré con mucho cariño, maestro. Pero ¿qué tienen que ver con el desapego?

—*Cuando conoces el dolor de la gente y aceptas que de este mundo no te llevarás nada, vivirás mejor. Te darás cuenta que todo lo que apega a una persona no sirve de nada. Que lo que para una persona es importante, para los demás no es más que cierta cosa para tirar o para vender. Ahora ¿me prometes hacer públicas estas cartas en algún libro que llegaras a escribir algún día?*

—Hum, no sé. Primero las leeré.

—*Si quieres las lees y luego me las comentas, para que aprendas aún más sobre tu misión.*

Y Agustín se quedó solo en una habitación con aromas a jazmines y rosas. Abrió la primera carta, que estaba algo desteñida por el tiempo. La misiva decía así:

Hola soy Patricia:
Me da mucha felicidad escribirle aunque dudo mucho que lea mi carta. Soy venezolana y he estado muy triste. Mi novio se murió justo el día en que me iba a pedir matrimonio. Lo atropelló un auto cuando venía de trabajar. Me quede sola sin su amor, sin sus abrazos. Y yo quiero preguntarle adónde quedaron los abrazos que me iba a dar en el futuro. ¿Irían a algún lado? No pude soportar tanto dolor, así que me enfermé. Mala elección,

pues cuando el dolor llega al cuerpo la solución es más trabajosa.

No quiero seguir viviendo, quiero irme con él. ¿Usted maestro, podría darme permiso para irme al cielo, aunque mi muerte no sea natural?

Yo prometo ser buena en la próxima vida, pues la próxima deseo disfrutarla de verdad. Le agradezco su atención, deme una respuesta por favor. Que estoy desesperada.

Agustín se siguió deprimiendo con cada una de las cartas. Prendió su radio para distraerse, pero empezó a escuchar un ruido raro. Creyendo que había captado algún programa con mala sintonía hizo girar el dial para un lado y para el otro. Y grande fue su sorpresa cuando escuchó una voz que pedía ayuda. Parecía la voz de un espíritu, aunque con todo su mal humor y descreimiento siguió pensando que era tan sólo una figuración. Cuando vio que en realidad no lo era, salió con paso apresurado hasta la casa del cuidador del elefante de su maestro. Tocó la puerta, pero nadie salió.

La voz lo empezó a seguir, así que apuró su paso, pero se dio cuenta de que no era una voz que lo asustara, aunque sabía que no era normal escucharla.

–¿Qué haré? —se dijo—. Ya sé, rezaré.

Y después de rezar todas las oraciones que consiguió recordar vio cómo se le aparecía una imagen oscura y una gran mano quería tocarlo. Un perro famélico que pasaba en ese justo momento ladraba sin parar.

Volvió corriendo y, casi sin aire, entró a su habitación, y parado frente a él se hizo presente su maestro, quien le preguntó:

–¿Te asusté sin querer?

–Un poco, sí, me asustó. ¿Qué hace aquí, maestro?

—Algo nuevo para ti, te estoy visitando y no precisamente entré por la puerta, tú sabes de mi poder para materializarme y desmaterializarme. Nunca lo había hecho delante de ti, pero ya es hora que te dé demostraciones de lo que es el plano inmaterial. Un mundo tan real como el tuyo y hasta más real, diría yo.

—Es que, maestro, estoy algo confundido, acabo de ver algo feo. Creo que vi un espíritu, creo que la señora que escribió la carta se suicidó y eso es lo que vi.

—Lo que viste son tus miedos, ni más ni menos. Cuando ellos aparecen son tan fuertes y arrogantes que asustan y paralizan. Los miedos son seguramente parte de lo que no quieres para tu vida, parte de los obstáculos que te impiden triunfar. No creo que los miedos te los puedas quitar de una vez, de un solo jalón, pero sí puedes quitártelos con paciencia.

El mundo está dejando el miedo por el amor, está dejando la falta de fe por la esperanza. Pero hasta los miedos cumplen alguna función en tus sentimientos. No debes temer a los muertos, pues ellos nunca te harían nada que no les permitieras. En cambio, los humanos están bien definidos, o son buenos, o son malos. Y los malos pueden tomar decisiones que no sean las mejores.

Sabemos que las personas pueden elegir vibrar bien o vibrar mal, pero, a veces, su parte psicológica está bastante enferma como para resolver situaciones estresantes.

El mundo de los espíritus es inmenso, diferente, a veces tenso. No todos vibran en la misma energía. Hay espíritus buenos y no tan buenos, pero todos son fáciles de manejar, en cuanto los enfrentas los anulas. Cuando les temes les das más poder y ellos toman una fuerza inmensa y pelean, como si fueran guerreros, con las fuerzas del destino que te toque vivir.

En cambio habría que temerles a las personas que vienen con ideas de no cuidar su entorno y su mundo. Esas personas saben ofender, utilizar, manipular y no les da lástima nada en particular.

Tú viste una sombra que podría haber sido cualquier cosa, pero no sabes qué fue y si yo te lo dijera no lo podrías creer, así que, mi querido amigo, déjalo así a ver qué te sucede. Tú dices que la señora tenía algo malo que la hacía querer suicidarse, pero la verdad no te la diré, tú la averiguarás, para eso eres mi discípulo. Pero no quiero volverte a ver asustado, pues eso es de niños.

Quiero que contestes las cartas sin que hagas juicios de las personas, sin que las etiquetes o sientas que tú estás sobre ellas. Un verdadero maestro jamás se sentiría por encima de alguien.

–Es que yo quiero saber más sobre el mundo de los muertos.

–¿Tú no recuerdas?

–No recuerdo qué.

–Ese mundo.

–No, creo que no, ¿tendría que recordarlo?

–Muéstrame tu mano.

Agustín estiró su mano y el maestro miró las líneas de su palma y le enseñó una estrella de David en el centro. Mostrándole una línea en especial le dijo:

–¿Ves esto? Cierra los ojos y respira profundo unas cuantas veces, y repite a mi ritmo: Sho Ham; inspira y di Sho; suelta y di Ham. Ahora respira, inspira y di yo soy. Vamos más rápido: yo soy, yo soy, yo soy. Ahora más lento.

Agustín entró en un trance y el avatar realizó algo como una hipnosis, y lo llevó a su vida anterior. La que había vivido en el cielo cuando era Francesco.

Agustín empezó a llorar, como un pequeño y fue tanto su llanto que el maestro le acarició la cabeza para que se tranquilizara, hasta que le preguntó qué veía.

–Veo que estoy entrando al cielo y que sus colores son impresionantemente fuertes, que hay unas flores inmensas con forma de campana.

Agustín comenzó a relatar lo que veía.

–Veo mares, playas y una mano gigante me recibe, es la mano de Dios. Me saludan algunos espíritus que están deslizándose sobre las nubes.

Me confirman que están todos mis seres queridos, los que amé, los que dejé al morirme, todos están aquí. Parece que hay fiesta, no hay gente enferma, a nadie le duele nada.

Hay ángeles, son muchos, gordos, flacos, bajitos y altos. Veo a la virgen, veo diosas, deidades de todas las religiones juntas.

Niños riendo felices, almas gemelas formando un corazón como de algodón.

Veo a Camila que viene a buscarme, me invita a pasear en una nube, quiere que visite mi casa.

Ella me cuenta que es mi alma gemela, yo le prometo que en la próxima vida estaremos juntos, pero ella me dice que no podrá ser porque las almas gemelas no pueden encontrarse tan fácilmente.

Ahora veo entrar a la que fue mi esposa, Elena; está confundida en la puerta del cielo y la veo un poco tímida para entrar en él, una fuerza tremenda me lleva hacia ella y me empuja a que le dé la bienvenida junto a la mano de Dios. Es tan grande mi alegría de volver a sentirla, que mi alma salta como niño pequeño en un brincolín de amor.

La abrazo y la beso, esto es increíble, me encanta tenerla de nuevo cerca. ¡La amo!

Camila me mira y me sonríe, me dice que su amor como alma gemela no es egoísta ni envidioso.

Yo quiero mostrarle todo el cielo y no puedo moverme, pues me piden que espere a que la mano de Dios se le acerque y le dé la bienvenida, así que espero y los dos sentimos esa mano inmensa. Somos felices, tremendamente felices.

Decidimos recorrer las playas y terminar de organizar esos viajes que en nuestra vida, por falta de dinero, no pudimos hacer.

Veo que nos reparten misiones y a ella le toca ir a África, a ayudar a los chicos enfermos, algo que siempre hubiera querido hacer mientras estaba en la tierra.

Yo tendré que darle la bienvenida a las almas que entran en este lugar, aquí nadie se queja, pues ésta es la felicidad real. Yo soy feliz aquí, éste es mi lugar. No quiero regresar.

El maestro le pidió que volviera a respirar y que cuando terminara de contar hasta veinte despertara. Así lo hizo, y cuando abrió los ojos, le molestó la luz, le molestó la realidad. Empapado en lágrimas miró al maestro y le dio las gracias.

–¡Gracias, maestro, ahora entiendo todo! Ahora lo recuerdo, mi estadía en el cielo fue muy fuerte y el amor por mi esposa también. ¿Entonces mi alma gemela no podrá ser nunca mi compañera en esta vida? ¿Por qué no se pueden encontrar?

–¿Quién te dijo que no se encuentran? La mayoría de las personas la encuentran, pero quienes tienen escrito no estar con ellas, no la encontrarán. También hay que saber que no todas las personas terminan solas. Recuerda que estar solo también es una elección y no tiene nada de malo estarlo. Lo malo es quejarse, maltratarse y no quererse.

–Pero yo quería a mi esposa. ¿Y ella dónde está?

–Eso no podré decírtelo.

–¿Siempre nos reencontramos?

–*¡Siempre!* —exclamó el maestro.

–¿Toda la familia se reencuentra?

–*Toda y nadie se pierde en el camino. Tu vida está relacionada mínimo con veinticinco personas, esas personas te las encontrarás siempre en diferentes roles, pero son siempre las mismas almas.*

–¿Y la rueda cuándo se termina?

–*La rueda no se termina nunca.*

IX
El baúl de los recuerdos

Los malos recuerdos no deben
ser llevados al presente.
Hay que decidir
ir con poco peso por la vida.
Lo que pasó, pasó, por eso el perdón
hace maravillas en el presente.
Cuando quien suelta
avanza por la vida libremente
sabiendo que es un guerrero de paz.

La caja tenía cartas antiguas, marchitas, arrugadas y con olor a viejo. Algunas parecían deshacerse entre sus manos. Agustín no entendió bien por qué el maestro quería que él fuera quien las leyera. Supuso que sería algo importante para él, pues con sólo ver el baúl cualquier persona podía darse cuenta que tenía un aire de tesoro olvidado en algún lugar.

Él recordó cuando su maestro, antes de retirarse, le dijo:

–*Léelas y luego hablamos, si lo deseas subraya lo más importante, pero no dejes de leerlas todas.*

–¿**Todas?** —le respondió Agustín.

Y el maestro le contestó:

–*Dile a Dios que te siga ayudando a entender el sentir ajeno, a no menospreciar ningún problema, pero tampoco creas que todos los problemas que están en las cartas pueden ocurrirte a ti.*

Porque si esto te pasara entrarías en una depresión profunda. Es bueno que leas historias crueles que te sirvan para ser más compasivo. Pero si las lees para luego sentirte culpable, por estar mejor que esta gente, entonces estarás grave. Porque lo importante es que seas amoroso con las respuestas que tú corazón pueda dar. Escríbelas y déjalas en el mismo sobre donde está la carta que escribió esa persona.

No es fácil meterse en los zapatos del otro, hay que mirar el dolor como parte de la naturaleza humana para luego darle a alguien una respuesta cálida y amorosa. No puedes sólo contestarle con total frialdad.... Ten fe. Tampoco puedes ir por la vida diciéndole que tiene razón al sentirse decepcionada de la vida.

Habían pasado unos veinte minutos, después el maestro le dio una palmadita en el hombro y con una mirada repleta de amor le regaló su bendición y se fue.

Con los consejos del maestro abrió un sobre y se puso a leer:

Mi querido maestro:
Siento que mi papá se morirá pronto y ¡me da tanta pena verlo sufrir físicamente! A veces me reconforta su aliento y otras veces no puedo creer que ese aliento lo ayude a sobrevivir.

De vez en cuando muero de miedo al pensar lo que se podría venir, y otras veces siento que tengo que aprender a vivir con desapegos.

Hoy llamé a mi mamá para preguntarle por él y me dijo algo muy cierto:

"Nena —porque así me dice ella—: tienes que aprender a crecer, porque ya eres adulta y nosotros estamos viejitos. Nos tenemos que hacer a la idea de no ser eternos como cuando éramos jóvenes. Estamos preparados para lo que sea, sólo pídele a Dios que antes de irnos no suframos demasiado."

No sé por qué a veces las personas buenas sufren más que la gente mala a la hora de partir.

Quizá ésta no sea la mejor carta que reciba, pero es mi primera carta a alguien que no conozco, pues a pesar de mi falta de fe hacia usted, dice mi sobrina que leerá esta carta y como no se pierde nada con mandársela, aquí estoy intentando tener una nueva esperanza.

Deseándole a usted que todo lo puede, una feliz vida.

Leonela

–¿Qué hago, qué hago? —se repitió Agustín—, ¡yo no sé contestar esto!

"Contesta todas las cartas", le había dicho el maestro.

–Pero ¡no sé qué hacer! —se dijo Agustín.

Comenzó a trazar algunas líneas y borraba palabras, frases y volvía a escribir. Hizo esto muchas veces, hasta que al fin le vinieron algunas ideas que se convirtieron pensamientos y luego frases:

Señora Leonela: yo lamento mucho su situación pero sólo le queda tener fe...

Y Agustín con su forma nostálgica de pensar se dijo para sus adentros:

–Como si fuera tan fácil tener fe...

De pronto, sintió un ruido en la puerta y ésta se abrió. El maestro entró ataviado con su túnica naranja y, casi flotando en el aire, le dijo:

–Yo te diré, Agustín, qué es tener fe. Cuando las fuerzas se acaban la fe brota como agua en la piedra. Cuando el dolor es fuerte la fe aparece como sabia amiga. Cuando la alegría es inmensa la fe ya no está a prueba. Cuando todo brilla nadie se acuerda de tener fe. Ésta es algo natural, no hay gente que tenga más fe que otra, hay gente que tiene más actitud para demostrársela a los demás. La fe es la certeza de que algo bueno sucederá y es parte de la naturaleza de supervivencia que tienen las personas, no está mal decirle a alguien que tenga fe. Pero está mucho mejor decirle que la fe que tiene la saque al sol, como lo hace el caracol cuando mira con sus antenitas al exterior. Dile que no confunda la vulnerabilidad con la falta de fe. Nadie en absoluto es una persona carente de fe.

Agustín escuchaba con asombro lo que decía el maestro y hasta se emocionó al pensar que toda persona, con el solo hecho de estar vivo, era un ser vibrando en la fe.

El avatar le dijo a Agustín:

–No temas contestar la primera respuesta que te venga del corazón, pues ésa es la correcta.

En cuanto el maestro se retiró, Agustín con más energía que nunca se puso a responder, y grande fue su sorpresa cuando vio otra carta de la misma mujer, pero fechada dos años más tarde. La carta empezaba así:

Hola maestro:

¿Cómo está? No sé si así le dicen sus seguidores. Yo no lo conozco mucho, sin embargo, lo empecé a querer, pues acabo de vivir un milagro y quiero contárselo.

Estoy sorprendida y emocionada; he presenciado una gran magia angelical. Esto ha sucedido hace aproximadamente más de un mes.

Mi papá estaba decaído, pues no se sentía muy bien. Una mañana se levantó para ir al baño y apenas dio unos pasos se empezó a tambalear y luego se cayó.

Me asusté y fui corriendo a llamar por teléfono al doctor y en cuanto tome el auricular para pedir auxilio vi que un ángel tocaba a mi papá. Yo corrí para ver qué pasaba, pero en cuanto lo quise alcanzar, el ángel se fue flotando hacia donde él estaba y lo tocó, entonces él abrió los ojos y sonrió apenas. Al rato no entendía qué le había pasado. Lo mejor de esto fue que cuando fuimos al doctor, para ver qué era lo que tenía, estaba completamente sano.

Gracias, querido maestro, y perdóneme por no tenerle la fe como se la merecía. Lo quiero mucho.

Leonela

Agustín se quedó pensando cómo cambiamos de ideas las personas. Hoy creemos que alguien no es valioso y mañana sí. O viceversa. Eso es lo bueno que tenemos las personas, lo versátil y divertido que es el juego de la vida con nosotros.

Abrió otro sobre de los que estaban en el baúl y se puso a leer la carta:

Mi querido maestro:

Yo quiero preguntarle ¿cómo es el cielo? ¿Adónde van quienes se mueren? ¿Con quiénes llegan y a quiénes no llegan a ver? ¿Cuánto tiempo se quedan en el cielo? ¿Qué sienten cuando se van?

¿Adónde están sus abrazos, por qué se los extraña tanto, por qué es tan duro vivir sin ellos? ¿Por qué no somos eternos? ¿Por qué desperdiciamos la vida en tonterías?

Agustín contestó, pues creía saber la respuesta. Su maestro le había contado algunas cosas al respecto.

Mi querido amigo de la vida:
El cielo es hermoso, es como los mejores paisajes que has visto en tu vida. Ves playas, mares, montañas. Los colores son intensos y brillantes. La temperatura es perfecta, sin fríos ni calores intensos. Los aromas son dulces y todo el tiempo sientes que Dios te abraza.

Toda persona que muere va al cielo, pues el infierno está en la tierra y quienes se portaron mal y no pagaron su deuda estando en vida, la pagarán los descendientes de su árbol genealógico y él tendrá que trabajar todo ese mal en otra vida. Todo se paga, mi querido amigo.

Los espíritus se quedan todo el tiempo que sea necesario en el cielo y cuando regresan a la vida siempre lo hacen dentro de la misma familia con la que vivieron anteriormente.

Cuando una persona muere siente una gran paz y no desea regresar, pues lo que se vive es una inmensa plenitud.

Es difícil vivir sin ellos porque la mente no quiere perder nada, porque las personas son una necesidad, siempre ha sido así en toda la historia de la humanidad. La gente nunca ha querido darse cuenta de que el cuerpo no es más que una herramienta para transitar este plano. Y el alma de quienes amamos siempre está con nosotros.

En cuanto Agustín terminó la carta, dobló el papel, buscó el sobre y lo metió en el baúl.

De pronto, sintió que alguien llamaba, se levantó y cuando

abrió la puerta vio a uno de los guardianes del avatar que entraba a invitarlo a una reunión que se iba a realizar junto al árbol de los deseos.

–Podrás estar con nuestro maestro y escuchar su gran sermón, podrás sentir todo el amor que da a sus fieles cuando está en el Ashram. Ven, no te hagas del rogar —le dijo el servo.

Agustín dejó las cartas y se fue con el servo del maestro, miró la ciudad, las calles, los negocios y la gente. Se sintió feliz, quizá tan feliz como cuando estaba en el cielo, como cuando era Francesco, emocionado por estar con los ángeles y Dios.

Recordó todo en unos cuantos segundos, el camino al cielo, los olores, sus maestros y se sintió tan pleno que no dudó en aceptar que éste sería su lugar en el mundo, aunque estuviera lejos de Camila y de sus hijas.

Llegó al Ashram y la mascota del maestro, que era un elefante, estaba en la puerta como si fuera un perrito. Agustín se rio al ver tal escena y con total alegría entró al recinto. Buscó un lugar cercano. Había más de cuatro mil estudiantes de la universidad.

Las mujeres estaban sentadas por un lado y los hombres por otro. Ellas olían a flores, pues sus cabellos estaban atados con ramos de jazmines y sus pies tintinaban con llamadores de ángeles que colgaban de sus tobillos. Sus cabellos largos lucían como un adorno que producía una preciosa visión del Ashram.

El maestro entró y pareció flotar mientras caminaba.

–Te amo, maestro —le susurró Agustín casi para sus adentros.

Y el maestro pareció saber lo que le decía y lo miró con un gran amor fraternal. Se sentó en su sillón dorado y con ternura hizo una señal de amor con su mano. Miró a su auditorio y con una voz pausada dijo:

–*Los pasos de la vida son inseguros, inverosímiles y desiguales. Caminar tu camino no siempre es avanzar, pues el avanzar no está sólo en moverse, hay personas muy inquietas que no llegan a ningún lado. Pasos seguros implican pasos de corazonadas y sentimientos puros.*

He escuchado muchos de estos comentarios en mis seguidores: "Criar un bebé da trabajo. Llevar a término un embarazo algunas veces resulta pesado. Construir una casa es complicado. Criar hijos es riesgoso. Cuidar ancianos es sacrificado. No hacer nada es tedioso. Enfermarse es eterno. Enamorarse provoca temor. Desenamorarse es triste. Verse bien es apegarse. Verse mal es no quererse".

Así es la vida, llena de tonalidades diversas. Algunas tornasoladas que iluminarán tu cara dándole un resplandor de luz divina y otras veces algún color te resultará fuerte y hasta molesto.

Deja, mi querido ser humano, que te crezcan alas, aunque no tengas ganas de poner la espalda. Levanta los pies para sentir que si flotas puedes desplazarte con mucha más fluidez. Estira los brazos y no dejes que ningún viento los tire hacia abajo.

Sonríe para que en el transitar positivo de tu vida puedas contagiar a los demás.

Enciende los motores de tu vida, sin excepción de nada.

Ve por todo lo que quieras como si siempre lo hubieras hecho. No mires el pasado, pues ya no existe, ni te pertenece. No mires cuanto no hiciste, pues eso no lo puedes medir. Agradece tus pasos seguros y serenos, pues el que te dio la vida sabe lo que ha hecho.

Si no los han abrazado lo suficiente corran a abrazarse entre sí y sin miedos, que la gente no es un oso para quebrar huesos.

El auditorio moría de risa y él pidió que cada uno abrazara a su compañero de al lado. Cuando regresó el orden él pidió que levantaran la mano quienes no se sintieran felices. Y casi nadie se animó a hacerlo delante de él. Pero él, que todo lo sabía, dijo:

–*Creo entender que decirme a mí que no son felices debería tomarlo como una ofensa, pues están delante de mí y no podrían sentirse poco queridos por la vida. Yo sé que la verdad es la queja, la preocupación, la insatisfacción.*

Estas condiciones normales de la mente no deben asustarlos, pues son parte de su ser y jamás podrían decir que nunca volverán a tener esos sentimientos. La mejor creatividad sale de estos estados.

La queja los deja vibrando muy bajo y no les puede ayudar a avanzar. La rueda de tu vida se detiene cuando le das fuerza a la queja.

La vida es sufrimiento, dijo Buda, y para algunos él tendrá razón, pero del sufrimiento también se pueden sacar cosas buenas.

No sueñen por los demás, los sueños son propios y tienen dueño. No sueñen con decisiones ajenas, las decisiones son llevadas por las riendas de quienes las tienen.

Reconozcan sus limitaciones como parte de una estructura mental equivocada y no lo tomen como una condición humana.

X

La fuerza del destino

Desorientarse es fácil, pero la brújula interior que llevas dentro, en algún momento, te ubicará. Los vientos de cambio siempre mueven el eje de tu vida, pero como todo viento tiene su veleta y ésta en algún momento se detiene para mostrarte el camino donde el viento está a tu favor.

El baúl seguía estando en el mismo lugar, pasaban los días y las cartas nunca terminaban, parecía que el trabajo de leerlas y contestarlas no concluiría jamás para Agustín.

Las peores historias, las más tristes, las más macabras, todas estaban ahí. Él se preguntaba por qué tanto dolor, por qué tanto sufrimiento. Qué suerte tenían los que no habitaban este plano para no tener que vivir en este infierno.

Mientras pensaba en ello, tomó un puñado de cartas con sobres de diferentes colores y las separó una a una.

Comenzó por una de color violeta. Se preparó un té y empezó a leerla:

Maestro:
Mi hija se murió comiendo un trozo de pan. No pudimos salvarla, en segundos se fue y en un instante nos ha cambiado la vida.

Ella murió el día del cumpleaños de mi esposo. Él nació cuando falleció su abuelo y también fue el mismo día.

¿Esto es mera coincidencia o tiene que ver con el plan divino?

A estas alturas, Agustín ya tenía conocimiento de la psico-genealogía y los acuerdos celestiales, así que pudo contestarle con total confianza:

Mi querida Magdalena:
Así son las historias de familia. Todo el árbol genealógi-co influye en tu ser.

Cada eslabón de tu familia está relacionado con el tuyo. Desde bisabuelos, tíos, hermanos, padres, todos están unidos en un árbol con ramas y frondosa cosecha de cosas buenas y malas. Son acuerdos que se olvidan al nacer.

Hay familias enteras que se matan en accidentes, fa-milias que todos sus integrantes son solteros. Familias sin dinero, familias sin amores.

Cada fecha de nacimiento nos dice algo importante. Las fechas de fallecimiento, concepción, casamientos, divorcios nos marcan un rumbo. No es malo que esto suceda, sólo indica que los familiares se conocen desde hace muchas vidas y vienen a completar sus acuerdos con un ciclo que se termina en el momento justo, ni an-tes ni después, pues los tiempos de Dios son perfectos.

Agustín suspiró, al terminar de escribir puso la carta en el mismo sobre, para colocarla en el baúl, el cual una vez por mes tendría un ritual.

Abrió la segunda carta y ésta decía:

Maestro:

Cuando era joven me enamoré de un tío. Este amor era prohibido y como todo lo prohibido siempre tiene un final negativo, el mío no escapó a lo que estaba escrito. Quedé embarazada, luego aborté.

Dejé a mi tío y, pasado un tiempo, crecí, maduré y luego encontré a quien hoy es mi esposo. Ahora, cada vez que me embarazo, algo pasa que aborto al bebé. Entonces tomé conciencia que podría ser algún castigo. Yo quisiera saber si me podría ayudar.

Agustín empezó a escribir, teniendo presente las enseñanzas de su maestro.

Mi querida amiga:

Los castigos son propios y los verdugos somos nosotros mismos. Tu guadaña o máquina de tortura es tu cabeza, cuando te liberes podrás ser libre de esa profecía autocumplida.

Los bebés siempre vienen cuando desde el corazón y desde la mente sus padres están convencidos que quieren tenerlos. No hay forma que tu karma sea no gozarlo. Es tu elección más interna y más profunda a la vez.

Si deseas tener un bebé pídelo con esta oración que te voy a dar, pues los bebés buscan a su mamá dos años antes de nacer.

Y no hay bebé que por estar distraído no sea capaz de encontrar a sus padres. Prende una velita azul o rosa, esto dependerá del sexo que presientas que pueda ser el de tú bebé. Luego que la enciendas le dices:

"Espíritu de luz que buscas tu camino en el vientre, decide encontrarme junto a mi corazón, acércate a mi árbol genético, escucha mi mente que te dice que bajes contento. Acércate a tu padre sin miedos, ven con nosotros. Yo romperé cualquier acuerdo anterior de no tenerte, pues ya no tengo ninguna fidelidad oculta con mis antepasados para no tenerte en esta vida. Ven, te abro el camino, baja por el túnel de luz y entra a mi vientre con amor y resurrección de Dios."

Agustín se entusiasmó, al parecer tenía más fuerzas que de costumbre para contestar sus cartas de luz. Abrió una carta de color verde:

Maestro:
No quiero envejecer, me da miedo, no quiero tener los problemas que se tienen a la tercera edad, pues esta edad muchas veces viene acompañada de una gran soledad.

Agustín buscó un bolígrafo nuevo, pues el que estaba utilizando se le había terminado y luego siguió escribiendo. Su actitud al contestar las cartas era más parecida a la de un médium poseído que a un simple secretario contestador de cartas.

Esa soledad injusta a la que se refería la carta es parte de la vida y en algunas culturas los ancianos son respetados, admirados y queridos, pero en otras no. ¿Habrá alguna forma de cambiar las cosas en el futuro?

Agustín se imaginó siendo una persona de la tercera edad; no le disgustó la idea, vio a su maestro que pasaba de los setenta y cinco años y se sintió orgulloso de él.

–¿Qué podré contestarle? —se preguntó.

En ese momento entró su maestro, y entonces le mostró la carta.

–*No se puede contestar lo que no se siente ¿verdad?* —dijo el avatar con ternura—. *Por eso la gente que está en el camino espiritual sabe acerca de todos los temas y heridas, pues ha pasado por casi todos los dolores que se podían pasar. No se habla de los partos que no se han pasado.*

El tema de la vejez es relativo, es difícil de interpretar. La vejez que hay que temer es la de adentro. Todo aquel que se enoja y rezonga es un viejo. Cuando las personas se ríen son capaces de volverse jóvenes como por arte de magia. Por eso tres ¡ja, ja, ja! te salvan la vida.

El primer ja es para agradecer. El segundo para saber que celebras el presente y el tercero por lo que vendrá. Dile que se ría, que las arrugas de alegría nunca quedan mal ni afean. Todos los maestros a las 11 y 11 le damos energía a la gente mayor. Dile que se ría a esa hora.

–**Pero maestro** —dijo Agustín—, ¿y la soledad que sienten?
–*La soledad que sienten y tienen se llama sabiduría. Estar solo es sabio, sentirse solo es desperdiciarse, porque siempre estamos solos.*

Agustín escribió la respuesta, la puso en el mismo sobre y tomó la siguiente carta.

Maestro:
Todo lo que hago me sale mal, ¿qué me estará pasando?

Agustín se vio reflejado en la carta y tuvo ganas de decirle: a mí también todo me sale mal. Pero en el momento que lo pensaba consideró que su vida había experimentado un cambio de ciento ochenta grados, y ya no tenía esa convicción derrotista, ahora era otra persona. Así que le contestó con su propia sabiduría:

La mayoría de las veces las cosas no salen como las tenías planeadas. Sin embargo, el día que menos te lo esperas se acomodan y te das cuenta de que si no fuera por ese gran desorden que viviste, jamás estarías acomodando tu vida como ahora.

Agustín vio entrar de nuevo al maestro con una bolsa inmensa de cartas.

—*Me parezco a Santa Claus en versión hindú* —le dijo y se rio.

—**Maestro, ¿qué es esto? ¿Más cartas?**

—*Sí, más cartas, pero éstas son especiales* —exclamó el maestro—. *¡Éstas tienen magia! Hablan de la magia de estudiar, aprender y cambiar. De ser aprendiz de la vida y discípulo de una enseñanza espiritual. Son personas que leen libros y que ayudan a cambiar la vida de otros. Es gente que escucha una palabra y le cae la verdad a su corazón. Son las cartas de agradecimiento que escribieron esas personas que vivieron para contarla. Son los milagros diarios de los que nadie se entera.*

—**Maestro, yo contesto las cartas que puedo, pero cuando pongo las cartas en los sobres pienso... ¿qué se hará con esto?**

Y el maestro le dijo:

—*Mañana las van a llevar hasta el árbol de los deseos y cuando el sol ilumine las cartas, a las seis de la tarde, en ese momento aparecerá la magia, a la gente se le cumplirá todo. Aquel que quería paz, la tendrá, el que quería conocer a alguien, lo conocerá, y quien se quiera ir de este mundo también se irá.*

—**Pero si esa gente no tenía escrito irse de este mundo, ¿cómo lo hará?**

—Esa gente tenía escrito que a través de sus cartas se modificaría su karma. Todo está escrito y no se puede cambiar, salvo que hagas buenas acciones y éstas sean muchas. Entonces el futuro será otro y la vida te sonreirá. Mañana haremos la ceremonia de las cartas. Verás qué hermosa es.

Ah, olvidaba contarte que Damián está de novio. Encontró una muchacha, una devota y los dos están muy enamorados.

Sé que te tengo con mucho trabajo y no has tenido tiempo de pensar.

—Por suerte —dijo él—, ya ni siquiera extraño a Camila. Quiero viajar a ver a mis hijas, creo que el mes que viene me tomaré unas vacaciones.

—A propósito de Camila, ayer la vi.

—¡Maestro, qué alegría me da, no lo puedo creer! Llegó mi momento, ella debe haber venido por mí.

El maestro levantó los hombros y le dio otra bolsa para que pusiera las cartas que se iban a ir al árbol de los deseos.

—Maestro, usted ha hecho este milagro, volveré a ver a Camila y nunca más la dejaré ir.

El maestro sólo le hizo una señal de amor y se fue.

Agustín no paró de guardar todas las cartas en las bolsas. Se bañó con agua fría y salió a buscar a Damián, pero no lo encontró. Se dirigió entonces a la calle que conducía al árbol de los deseos. Compró un coco y se sentó junto a los muchachos que le cantaban al avatar. Y brindó con otro devoto que también sostenía en su mano un coco.

—Soy feliz, soy feliz, soy feliz —gritó a las esquinas, a la luna y a los árboles.

Esperó que se hiciera tarde para llegar y encontrar a Damián. Cuando pudo entrar a su casa éste estaba dormido, así que lo despertó. Le contó lo sucedido y Damián se reía y lo abrazaba.

–Me da gusto por ti y Camila. Yo la he llamado por teléfono muchas veces, pero no me contó nada de que vendría. ¿Será que el maestro se confundió?

–No, no creo —dijo Agustín poniéndose serio—. Esperaremos mañana. Acompáñame a la hora del ritual de las cartas. Todos los pedidos que tienen las cartas, hoy, a las seis de la tarde, se cumplirán.

–Entonces escribamos, así se nos cumplirá cualquier petición —dijo Damián.

–¡No, no podemos hacer eso! Eso es hacer trampa.

–¿Pero, por qué?

–Porque es un privilegio para la gente.

–¿Y qué, nosotros no somos gente?

–Pues sí, entonces escribamos nuestras cartas —dijo Agustín, riéndose.

Y los dos empezaron con sus respectivos escritos. Damián, como era muy reservado, no quiso decir nada acerca de sus peticiones. Agustín le quiso aclarar que no pusiera en la carta que se quería ganar la lotería. Damián se rio y comentó que no quería poner nada de eso, que no sería tan tonto como para pedir algo así, aunque luego se corrigió y dijo:

–No sé si sería tan tonto, o tan vivo.

Los dos se rieron. Se sentían felices.

–Mi carta es sólo de agradecimiento, pido que Dios y mi maestro me den más años como éste, que mis hijas estén felices, que mi madre tenga una vejez tranquila y nada más.

–¿Y nada más? —preguntó Damián—. *Tanto tiempo que te quejaste de no encontrar el amor de tu vida, de sentirte solo. Tantas veces que le reclamaste al plan divino el no tener a Camila. ¿Por qué ahora que estás a punto de volver a verla, de abrazarla, no pides que se quede contigo para toda la vida?*

Agustín lo escuchó y decidió agregar algo sobre este tema. Se quedó mirando el papel y no intentó escribir nada más. Firmó la carta y le pidió la suya a Damián para cerrar las dos y después las metió en la bolsa. A continuación, le dijo a Damián con mucha seriedad:

–Escucha amigo, quiero confesarte algo. Acabo de darme cuenta que he dejado ir la obsesión por Camila. Ya no siento esa pasión por saber de ella. Todas estas cartas que he contestado con tanto amor me han ayudado a crecer. Recuerdo que hace tiempo no pienso en ella, que no deseo nada de nada. Mi maestro me ha enseñado el camino del servicio y ése es el único que me importa. Y es tanta la pasión que profeso por esto que no me siento solo. Lo único que quiero es servir pues, quien no sirve, no sirve. Cuando te das cuenta de este camino ya no hay deseos que no puedas quitarte de la cabeza. Por eso los grandes maestros de la historia han sido asesinados, pues de la única manera que se les quitaba la alegría de servir era terminando con sus vidas y, sin duda, que ni así deben haber terminado con su misión. Hoy quiero verla, pero sólo por curiosidad, por saber cómo está. Quiero darle un abrazo y desearle lo mejor. No sé si quisiera tener a alguien a mi lado. No lo sé. Voy a dormir —dijo, apurándose a taparse hasta la cabeza, pues no tenía ganas de que su amigo hiciera algún comentario.

Pero Damián, que era un muchacho admirable, reservado y poco curioso, no dijo nada y también se dispuso a dormir.

Al otro día los dos se levantaron, fueron a desayunar y Agustín siguió contestando cartas.

A las cinco de la tarde ambos tomaron las bolsas y fueron caminando hasta el árbol de los deseos. Agustín estaba contento, se le veía tranquilo. Damián le preguntó:

–¿Estás nervioso porque verás a Camila después de tanto tiempo?

Y Agustín le dijo:

–Me siento en paz, tengo curiosidad solamente y, sí, me dará gusto verla. Me pregunto qué me pasa que no me pasa nada. No lo puedo creer, espero que sea buena esta frialdad, pero no es frialdad, es como desapegarse de los apegos.

Damián le preguntó a Agustín:

–¿Tú crees que un maestro o un avatar debe estar solo?

–No, claro que no. Hace tiempo, y ahora también, el machismo no permitía que un maestro tuviera al lado una mujer, pues ella le quitaba notoriedad. Pero si vemos el caso de un presidente, él tiene una primera dama y no por eso no puede ser un buen presidente. Al contrario, si la pareja se complementa bien, entonces a festejar, pues el maestro tiene dos cabezas para pensar.

Damián miró a su amigo algo incrédulo al ver tanto cambio y se rio. Llegaron un poco cansados por caminar tanto y el peso de las bolsas. Las tiraron debajo del árbol de los deseos y se dispusieron a presenciar el ritual.

Un grupo inmenso de personas rodeaba el viejo árbol de raíces antiguas. El maestro estaba sentado en su trono y sus servos no dejaban que la gente se acercara demasiado a él.

Casi todos tenían algún instrumento para tocar: panderetas, xilófonos, guitarras, tambores. Se sentía el aire fresco. Los perfumes de las flores que tenían las hindúes eran increíbles, afrodisiacos, intensos. A veces se podían percibir los aromas de las especias que provenían de los puestos de la calle.

Todos comenzaron a cantar el mantra Om y se tomaron de la mano, mientras los músicos entonaban, al mismo ritmo, los cantos sagrados.

Sin embargo, Damián y Agustín estaban tan entretenidos acomodando las cartas que permanecían ajenos a tan bello espectáculo. Pero en cuanto se sentaron lograron concentrarse en lo que los rodeaba. A medida que iban subiendo los tonos de las canciones y adoraciones seguía entrando gente al círculo inmenso que hacían todos en ese lugar.

De pronto, Damián miró a su costado y vio a Camila con un vestido blanco y una corona de pequeños jazmines en su cabeza. Iba a gritarle para decirle que ahí estaban, pero recordó que eso no se podía hacer, todo ocurrió en segundos. Cuando miró hacia Agustín para avisarle, éste todavía seguía arreglando las cartas.

Cuando volvió a mirar a Camila, Damián la vio de la mano con un muchacho; no quiso ser mal pensado y creer que podría ser algún candidato a futura pareja. Agustín también la vio y corrió a saludarla y ella le dio el abrazo más bonito de su vida.

–*Agustín, querido, ¿cómo estás? Quiero presentarte a mi esposo* —dijo Camila, radiante.

Agustín sintió un puñal clavado en su pecho.

–**Después de saludarle** —dijo—, **ya no supe más de ti, no quisiste atenderme en el teléfono.**

Y ella mirando a los ojos a su esposo con cariño y tomándole la mano a Agustín le contestó:

–*Así son los tiempos de Dios: perfectos aunque no lo puedas creer. Pude haber sido el amor de tu vida, pero no lo fui, porque si lo hubiera sido aquí me hubiera quedado. Pero los hubiera no existen y Dios tiene una gran imaginación. La vida nos pone a prueba la fe, los sentimientos, todo. Y no podemos juzgar por cambiar de idea. Yo no podía estar aquí, no podría alejarme de mis hijas.*

Su esposo se sintió incómodo y con todo el amor del mundo le hizo una señal para que se alejara y hablaran con total confianza. Ambos salieron del círculo y se sentaron en una parte del jardín.

Él quiso reclamarle, pero no se atrevió; ella también quiso reclamarle, pero tampoco pudo. Los dos se rieron. Agustín tuvo una visión muy rara, empezó a recordar su vida anterior, cuando vivía en el cielo con Rosario, quien luego reencarnó en Camila.

Y ella, que a estas alturas ya le había tomado las manos, vio lo mismo y le dijo:

–*No siempre las almas gemelas pueden estar juntas. Sin embargo, podemos ser felices de cualquier modo. No me arrepiento de estar así.*

Después de un breve silencio, ella le preguntó:

–*¿Tú te arrepientes?*

Él la miró, le acarició las manos y le dijo:

–No, porque si estuviera arrepentido sería muy ingrato y no quiero serlo, pero prométeme que en la próxima vida estarás más dispuesta a encontrarme y quedarte en mi camino.

Ella se rio y le indicó:

–*Tú prométeme que no serás un hombre tan conflictivo, ni tan despistado como para quedarte encerrado en un templo.*

Los dos se dieron un abrazo inmenso y algunas lágrimas corrieron por sus mejillas. Ella se fue a sentar con su marido y Agustín se fue a esperar que los rayos del sol cayeran sobre las cartas para que a cada uno se le cumpliera un milagro.

El momento en el que el sol cae e ilumina las cartas, como si fuera un arcoíris, es maravilloso. El maestro se encontraba parado enfrente para darle la bendición haciendo con su mano el símbolo del amor.

–*Quisiera ser mosquito para ver lo que pasa en cada casa cuando ocurran los milagros* —dijo Damián, quien aunque no era indiscreto, por primera vez le entró la curiosidad y le preguntó a su amigo Agustín—: *¿Qué hay en las cartas?*

Entonces Agustín le respondió:

–Hay gente que se está muriendo y sólo le quedan dos horas de vida. Entonces los enfermos despertarán sin ningún padecimiento. Gente que tiene enfermedades, pero cuando vayan al médico no tendrán nada. Maridos infieles que se harán fieles. Gente sin trabajo que encontrará lo que está soñando. Hay muchas historias y muchos milagros.

Los milagros deben ser contados, pues cuanto más se compartan, se multiplicarán.

Damián miró a su amigo y vio cómo se reflejaban en su cara la luz de los rayos del atardecer. Vio entonces que Agustín había crecido, había cambiado. Y se sintió orgulloso de él.

Cuando terminó el ritual, Damián y Agustín decidieron ir hacia sus habitaciones. En algún momento, Damián se atrevió a comentar con un poco de pena el tema de Camila.

Agustín lo miró y le dijo:

–Te juro que crecí, que sé lo que quiero y que el dolor de la gente me enseñó a vivir el presente y a no quejarme. Lo que me tenga que tocar, me tocará.

Damián no pudo evitar preguntarle:

–*¿Ya no crees en el amor?*

Agustín le respondió:

–Más que nunca creo en él, pero no sufro por estar solo.

Y pasaron los días y Agustín siguió leyendo cartas y más cartas. Hasta que un día tocó a su puerta una hindú muy bonita, con un brillo muy especial. Cuando él le abrió la puerta le dijo:

–¿Qué buscas?

La hindú le dio una carta. Él se la recibió. Ella le dijo que vivía en el templo de la diosa Ganesha, y él le contó que, precisamente, en ese templo se había quedado encerrado muchos días y eso le había cambiado la vida. Ella le dijo que sabía lo que le había pasado, pues su papá le platicó que le había abierto la puerta a dos extranjeros que se quedaron encerrados sin querer.

Agustín también le contó que había visto un fantasma que llevaba una lámpara en su mano. Ella le reveló que se trataba de su abuelo.

Agustín se quedó helado con la revelación. Ella le dijo que necesitaba que él leyera su carta y que si algún día iba al templo ella le serviría algo rico. Él le mencionó que jamás olvidaría la rica comida que tenían, pues en aquella ocasión creyó haber acabado con toda la que había en el lugar. Ambos rieron y tuvieron sensaciones raras.

Él se dijo para sus adentros:

–Oh, no otra vez, esta sensación —aludiendo a las veces que sintió lo mismo estando con Camila.

La joven hindú se fue y él abrió la carta. Se sentó para leerla y entendió que no sólo los tiempos de Dios son perfectos, sino que la gente que elige para que esté a nuestro lado también lo es.

La carta decía que ella era la reencarnación de su esposa. La esposa que había tenido cuando él en vida era un hombre llamado Francesco, la que había quedado viuda de él cuando una enfermedad mal llamada incurable lo había aquejado. La misma esposa que lo animaba cuando él no sabía cómo pelear por lo que le correspondía, en las ocasiones en que alguien lo estafaba. Era ella, su esposa, quien al soñarlo supo que él la estaba cuidando.

Le explicó que ella nunca había pasado por la ley del olvido y que siempre supo todo. Que lo buscó por cielo y tierra.

Incluso pasó por momentos en que creyó no encontrarlo nunca, pero cuando dejó una foto olvidada en el templo y la vio, supo que era él, pero para evitar alguna equivocación se lo preguntó a su abuelo en un sueño y él le contestó.

Alguien le había dicho que el señor de la foto era el mismo que recogía las cartas de los maestros. Y se animó a buscarlo con la idea de abrazarlo y quedarse con él para toda la vida.

Agustín entendió por qué no pudo tener una historia con Camila, comprendió entonces el encierro y el casamiento de Camila. Sin duda comprobaba que la imaginación de Dios era grande.

Lloró y lloró, y la recordó como si en ese momento estuviera viviendo esa vida. Amó ese instante, deseó congelarlo para que nunca pasara. Salió corriendo por las calles de la ciudad entre los ruidos persistentes y los variados aromas. Tocó las puertas del templo y la muchacha le abrió.

Él la abrazó y ella sintió que se fundía con él. El abrazo intenso y extenso fue como seguir aún en esa vida anterior. Él le pidió que le explicara cómo podía ella vivir con toda esa información y ella sólo le dijo:

–*Me dijeron que tú también estabas igual que yo, que ninguno de los dos deberíamos olvidarnos. Que nadie se olvida del otro cuando alguien se muere; que somos siempre los mismos; que debemos amarnos y respetarnos por sobre todas las cosas.*

Él se sentó en el mismo lugar donde lo había hecho cuando se reprochaba por haber dejado sola a Camila y entendió que todo tiene una explicación. Todo es un gran plan para alguien o para sus siguientes generaciones, nada está hecho al azar. Todos somos energía y nunca nos perdemos.

Él le preguntó por qué cuidaba el templo. Ella le confió que era su padre quien lo hacía y ella seguía a su padre. Agustín la invitó a vivir en la ciudad con él, para leer las cartas juntos y servir al maestro. Ella le respondió que sería un honor. Él le dijo que quería que el maestro los casara y ella aceptó.

Así, después de unos meses, se desarrolló el mismo ritual que se hacía para las cartas y toda la ciudad se reunió. El maestro apareció otra vez para bendecir las cartas, pero esta vez el invitado de honor las traía. Entonces, a la hora que los rayos del sol caían sobre las cartas el maestro los casó, declarándolos marido y mujer.

Bombos, platillos, panderetas y guitarras cantaban sus mantras. Los devotos tiraban flores para festejar. El maestro les envió su símbolo habitual del amor. Y Agustín se sintió como en su casa, la de antes, donde era Francesco, el mismo que se quedó con ganas de disfrutar.

Ahora sí había escuchado el llamado, ahora sí había aprendido qué es ser libre.

Ahora sabe lo que es encontrar el amor y ser un hombre íntegro.

No queda más que esperar a que las cosas pasen y lo bueno venga multiplicado, pues quien sabe esperar, quien no se desespera en el mientras tanto, encuentra que los caminos de Dios están perfectamente pensados por él para un bienestar mayor.

La vida tiene muchas vueltas y como un carrusel tú eliges en qué parte te sientas. Tú eliges si te quedas o te bajas. Si tomas la sortija o no la tomas. Hay que elegir lo mejor y lo mejor nunca es el sufrimiento. Porque lo mejor de la vida está dentro de ti.

FRANCESCO

UNA VIDA ENTRE
EL CIELO Y LA TIERRA

Yohana García

OCEANO

¿Quieres saber cómo empezó todo?
No te pierdas *Francesco: una vida entre el cielo y la tierra.*

Yohana García es portadora de un hermoso mensaje de vida,
amor y esperanza. Ella nos muestra que la muerte no es el fin
de todo, que es sólo un paso hacia la transformación.

Francesco en el cielo quiso saber por qué no fue feliz en su vida anterior. Entonces los maestros lo preparan para que en su vida próxima él pueda ser un hombre pleno. Para ello le dieron estos consejos:

- Estar en silencio siempre te traerá buenas respuestas a tu vida.
- El verdadero infierno es el que tiene una persona en su cabeza cuando no se da tiempo para reflexionar.
- El amor de las almas gemelas sólo se reconoce por las miradas.
- Dios siempre te llevará en la palma de su mano.
- Para obtener un deseo necesitas el fuego de la acción, pues la intención sin acción queda en ilusión.
- Entrar en contacto con tu niño interior es unirte a tu propia semilla.
- Todo está escrito en el camino de la vida, sólo el cambio de actitud que te da el libre albedrío te traerá la verdad al camino de la vida. Cada momento de la vida es único y debe ser guardado en el estuche del alma.
- No puede pasarte nada malo cuando confías en el poder de Dios y del universo.

◈ Tu ángel jamás dejará de cuidarte salvo que le prohíbas que te ayude.

◈ Los seres que atraviesan los puentes antes que tú están felices de no estar en este plano.

◈ Aprender a volar lleva tiempo, pero aprender a despegar lleva aún más.

◈ Los tiempos de Dios son perfectos, cuando algo no se te da es porque no es el momento, puede que no estés totalmente preparado para cuidar lo que se te dé.

◈ Los miedos son parte de la imaginación, jamás debes ponerte la curita antes de la herida.

◈ Todo lo malo que te imaginas, la mayoría de las veces no suele suceder.

◈ No vale de nada andar por la vida viendo el pasado, pues sería como manejar viendo sólo el espejo retrovisor.

◈ Si todos los problemas representan un clavo la única herramienta que tendrás para defenderte será un martillo.

Continúa la historia de Francesco
y sus iluminadoras experiencias.

En este libro, Yohana García nos habla de los retos, las
dificultades y el caudal de oportunidades que la vida nos
presenta a todos los seres humanos.
¡Un libro inolvidable!

Francesco ama vivir pero le encantaría hacerlo sin miedos. Para ello sus maestros en el cielo le dieron estos consejos:

- Sabiduría significa el placer de aprender y de enseñar para luego dejarle un buen sabor de boca a los demás.

- Los maestros del cielo no van a alfombrar el mundo para que no te caigas.

- Podemos comparar la vida con un parque de diversiones, todos eligen diferentes juegos y sienten diferente la adrenalina de estar en ellos. Nadie puede sentir lo mismo que el otro.

- La vida es una línea recta donde el placer y el dolor conviven eternamente. Hay que saber mantener el equilibrio entre un extremo y otro.

- El ancla para los egipcios es el símbolo de la esperanza, hay que anclarse a lo bueno y positivo.

- La vida es alinearse con la aceptación y la responsabilidad de ser mejor cada día.

- Un grano de arena en la playa no destaca, pero si ese grano se traslada al ojo entonces sientes su importancia. Pequeños cambios en lugares estratégicos harán grandes diferencias en tu vida.

- El destino está marcado, el modo en cómo lo recorrerás será lo que haga la diferencia.

- Todo mago interior sabe cómo hacer milagros.

- Las 11 y 11 es la hora en que los ángeles te dicen que vas por buen camino.

- Milagros: acciones que a los humanos les cuesta mucho creer.

- Se cansa el que trabaja en lo que no le gusta, se agota quien no tiene imaginación.

- Traza tu plan de vida como si quisieras armar un mapa para encontrar tu mejor tesoro.

- Cada persona elige cómo escribir el libro de su vida.

- Lo importante es estar atento para que cuando tengas que elegir puedas hacerlo sin tensión.

- En el cielo no existen fallas, los maestros son perfectos.

- Nadie cruza el puente antes de tiempo porque morir es parte de la vida.

- Los maestros saben dictarte al oído las respuestas que tanto estás necesitando.

Esta obra se imprimió y encuadernó
en el mes de julio de 2022,
en los talleres de Diversidad Gráfica S.A. de C.V.,
Privada de Av. 11 No. 4-5, Col. Vergel,
C.P. 09880, Iztapalapa, Ciudad de México.